71 SEGUNDOS

O JOGO DE UMA VIDA

A tarde em que o Grêmio jogou, ganhou e foi campeão com sete jogadores

LUIZ ZINI PIRES

71 SEGUNDOS

O JOGO DE UMA VIDA

A tarde em que o Grêmio jogou, ganhou e foi campeão com sete jogadores

Alexandre
Boa leitura
e as melhores
recordações de
um jogo que nunca
vai escapar da
memória de ninguém.

22.12.2006

L&PM EDITORES

Projeto gráfico: Ivan Pinheiro Machado
Capa: Marco Cena sobre foto de Edvaldo Rodrigues/*Diário de Pernambuco*/ Futura Press.
Créditos das fotos:
quarta capa e página 107: Edvaldo Rodrigues/*Diário de Pernambuco*
páginas 6 e 7: Ricardo Duarte/Agência RBS
página 61: Ricardo Duarte/Agência RBS
páginas 87 e 101: Hans von Manteuffel/Agência O Globo
página 89: Edvaldo Rodrigues/*Diário de Pernambuco*/ Futura Press

Revisão: Renato Deitos e Jó Saldanha

P667s Pires, Luiz Zini
71 segundos, o jogo de uma vida / Luiz Zini Pires;
– Porto Alegre: L&PM, 2006.
120 p. il. fotogr. ; 21 cm.

1.Futebol-Rio Grande do Sul. I.Título.

CDU 796.332(816)

Catalogação elaborada por Izabel A. Merlo, CRB 10/329.

Porto Alegre: Rua Comendador Coruja 314, loja 9 - 90220-180
Floresta - RS / Fone: 51.3225.5777
Pedidos & Depto. comercial: vendas@lpm.com.br
Fale conosco: info@lpm.com.br
www.lpm.com.br

Impresso no Brasil
Primavera de 2006

Futebol se joga no estádio?
Futebol se joga na praia,
futebol se joga na rua,
futebol se joga na alma.

Carlos Drummond de Andrade
(In Poesia Errante*)*

26/11/2005
Não foi o que eu vi.
Foi o que eu ouvi.

L.Z.P.

banrisul
1

Apresentação

71 segundos, o jogo de uma vida narra a parte mais dramática de um certo sábado de milhões de gremistas em Recife – se não em corpo, em coração. O livro começa na saída do hotel, na Praia da Piedade, quando a tarde recém nascia, e vai até a volta dos protagonistas da decisão ao diminuto, porém arrebatado vestiário do Estádio dos Aflitos, depois da épica jornada.

Quem procura encontra nesta partida tudo que o futebol pode oferecer em clássicos 90 minutos.

Na tarde-noite do dia 26 de novembro de 2005, numa das mais incríveis partidas já vistas em um século de futebol no Brasil, o Grêmio bateu o Náutico e voltou ao convívio dos clubes da Série A depois de 363 penosos dias. Tempo cruel, em que a euforia e a depressão andaram de mãos dadas. Com apenas sete jogadores em campo, após quatro expulsões, invasões, intervenção acintosa do Batalhão de Choque da PM e uma paralisação de 23 minutos, o Grêmio ainda venceu por 1 a 0, gol do garoto-prodígio Anderson, num malicioso e definitivo ataque pelo lado esquerdo, aos 60 minutos e 51 segundos do segundo tempo – depois de quase 16 lancinantes minutos de prorrogação.

Quem procura encontra nesta partida do quadrangular final da Série B tudo que o futebol pode oferecer em clássicos 90 minutos. Mas como o jogo correu 118 minutos e fugiu do racional, a lógica bateu no poste. Voltou e encontrou um time que se recusava a perder, mesmo com sete, um no gol e seis na linha. Retornou e viu que os jogadores iam sendo atingidos e expulsos, atingidos e expulsos. Mas não visualizou o medo. Não havia caídos naquele lado, naquela hora definitiva. Voltou mais uma vez e, antes de sair, deixou livre o insolente cenário dos Aflitos ao imprevisível, ao imponderável, ao indefinível. Permitiu que os três vestissem azul de uma vez por todas. Que se aliassem escancaradamente ao Imortal Tricolor.

Introdução

No aprazível sábado, 26 de novembro de 2005, minutos antes das 16 horas, como fez em tantos outros sábados, quando o Grêmio atuava distante de Porto Alegre, o vice-presidente de finanças, Túlio Macedo, foi novamente parceiro da sua sofrida rotina. Trancou-se na ampla sala da presidência do clube, atrás das sociais do Estádio Olímpico, próximo às cadeiras cativas, à esquerda de quem ancora no Pórtico dos Campeões.

**– Deeefeeendeeeu Galaaaatto.
Deeefeeendeeeu Galaaaatto.
Mas esta é apenas uma história, uma delas, fenômenos de uma tarde única, do jogo que jamais vai acabar.**

Ele levou o compacto rádio no bolso, arrumou a poltrona, ajeitou a almofada, tomou mais um gole d'água e se aproximou da televisão de tela ampla. Ligou os dois aparelhos ao mesmo tempo. Queria ver e ouvir. Precisava ter certeza de tudo no calor da decisão. Mais um ano na Segunda Divisão seria um desastre completo, talvez o clube não resistisse incólume dois anos seguidos na ante-sala do inferno. Porque inferno, inferno mesmo, deve ser a Terceira Divisão.

Túlio Macedo, vice-presidente pela quinta vez, afundou na poltrona, cruzou as pernas e esperou alguns segundos antes do árbitro carioca Djalma Beltrami mandar o jogo correr em Recife.

O que Túlio viu e ouviu a seguir jamais foi visível nos seus mais de 50 anos de Grêmio. O que ele sentiu em alguns momentos nunca mais vai sentir na vida. Suas testemunhas oculares são quadros com os retratos de 40 presidentes do Grêmio alinhados na sala. Túlio estava sozinho, isolado entre quatro paredes. O Estádio Olímpico experimentava naquela tarde inolvidável o seu maior silêncio em 51 anos de vida. Grande parte do Rio Grande do Sul albergou a mesma mudez. Depois de um sofrimento quase perpétuo, brotou o grito e então o urro, que calou o silêncio.

Minutos antes da cobrança do segundo pênalti, aos 59 minutos e 40 segundos do segundo tempo, no ápice da confusão, o católico praticante Túlio ouviu uma voz.

Ouviu uma, duas, três vezes o mesmo chamado distante, porém perfeitamente claro. Não estava dentro da sua cabeça, nem fora. Ele não sabia, não visualizava, apenas sentia.

A voz dizia:

– Sai, sai, sai.

E Túlio Macedo saiu. Deixou a sala, a tevê ligada para as quatro dezenas de presidentes perpetuados nos retratos da parede, nove deles vivos, e foi andar como um fantasma pelos corredores mudos do estádio de 50 mil lugares completamente vazio. Só cimento, ferro e a desabitada grama. Não visualizou uma bandeira, não leu uma faixa, não ouviu um palavrão, não escutou uma canção, não encontrou uma alma viva.

Andou, andou e andou. Ele não sabe o quanto andou. O rádio rouco, enfiado no seu bolso direito, tentava contar o jogo, descrever o pênalti que não foi, as quatro expulsões, sete jogadores contra 11. Mas Túlio não ligava, não sintonizava. Tinha a atenção concentrada apenas nos fatos que a sua memória havia registrado naquele estádio em momentos de glória.

Sobressaltado com o futuro, o vice-presidente do Grêmio trocou o aqui e o agora pelo passado. Mergulhou no anteontem e reviu gols maravilhosos, jogadas inesquecíveis, craques, títulos inéditos, taças prateadas e o barulho notável da torcida em dias de conquista.

Por um breve tempo, devido à suprema tensão que o seu coração gremista teimava em suportar, Túlio Macedo viajou e recuou décadas. Embarcou a sua alma tricolor por gloriosos caminhos antes navegados e só despertou para a realidade quando ouviu o narrador Pedro Ernesto Denardin explodir os pulmões e decretar:

– Deeefeeendeeeu Galaaaatto. Deeefeeendeeeu Galaaaatto.

Mas esta é apenas uma história, uma delas, fenômenos de uma tarde única, do jogo que jamais vai acabar.

Capítulo I

O naturalmente sério superintendente do Grêmio Antônio Carlos Verardi saiu do Hotel Dorisol, andou alguns metros na calçada, caminhando a passos largos, e pisou na escada do ônibus de dois andares, vidros escuros e refletindo a palavra turismo como identificação. Nem olhou a hipnótica praia que se abria à sua frente. Subiu os degraus com a energia de um volante e mirou o longo e acarpetado corredor. Olhou o relógio, conferiu as horas e falou baixo:

– Está mais do que na hora.

O grupo de 20 jogadores chamados para a decisão histórica parecia absolutamente concentrado. Sério, decidido e com a cabeça feita.

Os vidros escuros roubavam boa parte da luminosidade da Praia da Piedade, em Jaboatão dos Guararapes, sábado, dia 26 de novembro de 2005, às 13h. A cidade de mais de 600 mil habitantes, a segunda maior do Estado, é colada a Recife, capital de 1,5 milhão de almas – que caberia inteira, duas vezes, dentro da área territorial de Porto Alegre. Jaboatão e Recife são tão grudadas quanto Canoas e Porto Alegre.

A temperatura do ar-condicionado lembrava quase um dia de outono na capital gaúcha. Seria possível beber um bom tinto no interior do veículo e não a cerveja gelada dos sonhados bares de beira de praia. Mas ninguém, ao menos naquele ônibus, pensava em mar.

Verardi não estava preocupado com o clima, com a primavera pernambucana de mais de 30 graus centígrados. Ele queria apenas dar uma boa olhada nos 20 jogadores que almoçaram no hotel da Praia da Piedade, depois de deixarem, horas atrás, o hotel-fazenda da Praia da Gavoa, onde estavam enfurnados desde a madrugada da quinta-feira anterior, a 39 quilômetros de distância. Olhar nos olhos de alguns conhecidos da longa jornada de oito meses de Segundo Divisão, 32 jogos, e buscar as respostas que ele não tinha no momento, apesar da confiança que depositava no time. Tensão ou tranqüilidade? Confiança ou temor? Certeza ou dúvida?

Verardi entrou em centenas de ônibus com personagens parecidas durante quase meio século de futebol, sempre usando as únicas três cores da sua vida, o azul, o preto e o branco. Observou todos os tipos de jogadores e todas as reações possíveis em outras centenas de clássicos e decisões desde que chegou ao Estádio Olímpico, em 1965, guiado pelas mãos do falecido patrono Fernando Chaves Kroeff. De títulos mundiais a torneios-início regionais, de vitórias heróicas a tropeços nacionais e internacionais, Verardi já tinha visto tudo em futebol. Ou melhor, quase tudo.

Parado, em pé, concentrado na fisionomia dos jogadores, mescla de jovens e de veteranos, medindo rapidamente cada gesto, cada olhar, antes de tomar seu assento ele notou algo que lhe deu uma fugaz sensação de bem-estar. O grupo de 20 jogadores chamados para a decisão histórica, que tentaria levar o Grêmio de volta à elite do futebol brasileiro, às 15 horas daquele dia de sol sufocante, parecia absolutamente concentrado. Sério, decidido e com a cabeça feita.

Nada de piadas fora de lugar, risos forçados, sorrisos

deslocados ou qualquer sintoma visível e declarado de nervosismo.

– Eles estão mesmo confiantes e focados no jogo – repetia para si mesmo, antes de procurar seu banco reservado.

Náutico ou Grêmio, um dos dois trocaria de divisão. Perto, na mesma cidade e no mesmo horário, Santa Cruz e Portuguesa viviam situação idêntica.

O ônibus climatizado começou se mexer vagarosamente, e o hotel foi saindo aos poucos de foco. Atrás dele, quase colado, outro ônibus, forrado de cartolas gaúchos, acelerou junto. Carro imediatamente apelidado pelos próprios passageiros de cartolão. Os 20 dirigentes e conselheiros não registravam a mesma seriedade dos donos do espetáculo. O riso aparecia instintivamente graças ao bom humor dos passageiros, mas era um riso nervoso, quase trancado. O barulho interno aumentou três vezes quando eles avistaram e saudaram vivamente torcedores com a camisa do Grêmio andando nas largas calçadas à beira-mar.

Em volta dos dois pesados carros de turismo, a segurança particular contratada pelo Grêmio observava tudo de muito perto em duas Blazer, acompanhada por viaturas da Polícia Militar e ainda batedores embarcados em motos. O jogo era mesmo de alto risco. Náutico ou Grêmio, um dos dois trocaria de divisão. Perto, na mesma cidade e no mesmo horário, Santa Cruz e Portuguesa viviam situação idêntica. Recife era a bendita capital do futebol do primeiro dia do final de semana, 26/11/2005. O Brasil de chuteiras corria em Pernambuco no sábado, já o domingo atenderia a Série A, na penúltima e trepidante rodada de pontos corridos do seu campeonato.

Capítulo II

Criado no interior gaúcho e forjado no competitivo campeonato local, batizado no barro, no frio e na cerração, o técnico Mano Menezes, sentado próximo a Verardi no ônibus, já notara um brilho diferente nos olhos dos seus jogadores. Fora logo depois da palestra do meio-dia, numa das salas de conferência do Hotel Dorisol. Após um rápido, porém farto e nutritivo almoço, típico de pré-jogo: feijão, arroz, purê de batata, filé, frango, torta de legumes, dois tipos de massa, à bolonhesa e ao sugo, saladas e frutas da estação de sobremesa. Para beber, água mineral, sucos variados e refrigerantes. O técnico, que começou a cuidar da equipe no jogo de estréia da Série B, na derrota de 2 a 1 para o Gama, dia 23 de abril, em Brasília, chegara a comentar, logo depois do cafezinho:

– Os menos experientes vão ficando experientes por absoluta necessidade. O técnico sente quando os seus jogadores estão ligados no jogo, prontos para dar uma resposta positiva. Mas, felizmente ou infelizmente, também consegue notar quando eles não estão.

Luiz Antônio Venker Menezes sempre acreditou no seu grupo, que foi se encorpando na irregular competição de 33 jogos. Às vezes, estava mais otimista. Outras vezes, bem menos.

O brilho nos olhos de alguns, que ele observou nas conversas particulares, nos treinos, nos aviões, nos hotéis e nas preleções, naquele dia apresentava-se ainda mais vivo. Ele notava a disposição de todos, não escondia a satisfação e admirava ainda mais o grupo, que ele classificava como homogêneo, solidário e capaz de grandes sacrifícios em nome da vitória:

– Os jogadores querem algo mais. Não estão apenas de passagem pelo Estádio Olímpico.

O treinador Mano Menezes, que pela primeira vez trabalhava num grande clube, depois de passar por Caxias, Brasil e 15 de Novembro, de Campo Bom, onde quase foi à final na Copa do Brasil de 2004, entre outros campeonatos mais modestos, já tinha experiência suficiente para saber quem era quem nos jogos mais importantes. Quais os olhos que cintilavam mais nos momentos cruciais.

Desta vez é um Estado inteiro contra o Grêmio, sendo que o adversário é o dono do espaço, manda na torcida e conhece o campo.

O técnico começou a confiar nas vitórias, ou na certeza de que os três pontos viriam naturalmente (e se não viessem não seria pela falta de empenho) em Recife mesmo – onde o Grêmio jogou quatro vezes em 2005. A capital pernambucana estava mesmo no caminho do Grêmio. Com os pernambucanos, o Grêmio disputou um certame à parte na Série B. Jogou nove vezes, cinco em Porto Alegre. Ganhou seis e perdeu apenas uma.

A partida que despertou o Grêmio, segundo técnico e jogadores, foi contra o Sport, na vitória de 1 a 0, gol de Raoni, ainda na primeira fase da competição, em que, em 21 jogos, o Grêmio teve um aproveitamento de 55,5% – nove vitórias, oito empates e quatro derrotas. Foi 24 horas antes deste jogo, no dia 16 de julho, que o técnico sentiu que as metas do ano seriam cumpridas. Com título ou não, o Grêmio, acreditava Mano, subiria de divisão e ganharia uma das duas vagas na disputa com outros 21 times:

– Alguma coisa começou em Recife. Depois, mostramos a todos, mesmo aos mais céticos dos torcedores, que estávamos pra valer na competição. E o melhor, unidos, empenhados e determinados. Daquele jogo em diante, jamais saímos do grupo dos oito que participaram dos quadrangulares decisivos.

Mano poderia repetir mais mil vezes uma frase que dizia regularmente ao seu assistente, o técnico Sidnei Lobo, campeão da Taça Libertadores da América e Mundial pelo irrepreensível São Paulo do mestre Telê Santana da década de 90:

– Certos jogadores sabem como se comportar para obter uma vitória. Eles superaram várias etapas e foram ganhando confiança aos poucos. Foram se identificando com a camiseta e ganhando a torcida também aos poucos.

Sidnei, perto de Mano, acomodado no seu banco do ônibus, sentia que aquele jogo com o Náutico não seria normal. Um time enfrentando o outro, como quase todos que acorrem às terças, às quartas, às quintas, às sextas, aos sábados e aos domingos no futebol profissional do Brasil. O pensamento de Mano e Sidnei podia ser revelado em voz alta:

– Desta vez é um Estado inteiro contra o Grêmio, sendo que o adversário é o dono do espaço, manda na torcida e conhece o campo onde deve se desenrolar a batalha final.

Capítulo III

Contra o Sport, terceira equipe de Recife de olho na Série A, quase quatro meses atrás, os comandados de Mano começaram a entrar em campo de mãos dadas. Era apenas um gesto simbólico, porém muito significativo para quem vivia o dia-a-dia do Estádio Olímpico. Na sexta-feira, 15 de julho, véspera da partida na Ilha do Retiro, estádio do Sport, durante tensos 60 minutos, trancados numa sala de hotel, sem água ou café, sozinhos, sem cartolas ou integrantes da comissão técnica, 18 jogadores passaram a se questionar em voz alta. Era um jogo pra valer, de bola dividida, e ninguém aliviou o pé.

Caso as vitórias não aparecessem imediatamente, muitos jogadores perderiam o emprego. Já podiam imaginar um Natal pobre, um Ano-Novo paupérrimo.

Ninguém ficou calado, todos conversaram, discutiram e despejaram suas distintas verdades. Quem começou foram os líderes, o capitão Sandro Goiano, Patrício, Pereira, Marcelo Costa e Jeovânio. Todos se questionavam, faziam as mesmas perguntas e buscavam respostas comuns:

– Por que o time está mal?

– Por que não estamos ganhando?

– Por que o nosso rendimento está diferente da *performance* da direção, que vem se esforçando ao máximo para pagar o nosso salário em dia?

– Por que não correspondemos à torcida que tem lotado o Olímpico em todos os jogos, oferecendo lições de como apoiar um time de futebol e batendo recordes de público na Série B?

Eles já pensavam (e não deixavam de conversar) num futuro próximo mais do que sombrio, caso as vitórias não aparecessem imediatamente. Se a irregularidade do time persistisse, o técnico, que estava fechado com eles e os protegia das críticas de meio Rio Grande do Sul (mas não da flauta da metade encarnada), seria demitido rapidamente. Chegaria outro que, logicamente, exigiria novas contratações e o grupo perderia seu espaço e sua consistência. Mudariam as lideranças e nasceriam outras. Eles seriam mortos-vivos andando pelo Olímpico, nomes esquecidos, talvez malditos, na história do clube.

Alguns seriam afastados, até mesmo emprestados, e outros ocupariam seus lugares. Muitos perderiam o emprego. Seriam demitidos faltando ainda seis meses para acabar o ano. Já podiam imaginar um Natal pobre, um Ano-Novo paupérrimo. Um dezembro inteiro para lamentos, pouco dinheiro no bolso, raro apetite para as festas do período e um amanhã, ao menos no futebol, incerto.

E quem os contrataria? Dificilmente seriam sondados por dirigentes da Primeira Divisão. Os da Segunda Divisão só por milagre, uma vez que eles não estavam jogando bem na frente de milhões, nos jogos mostrados ao vivo por rede nacional de tevê. A solução radical, talvez, fossem os clubes da Terceira, mas ninguém queria descer tão rapidamente assim na escala do futebol profissional.

A situação estava tensa entre os jogadores, antes do encontro em Recife. A reunião foi definida depois de um treino estressante, de muita pegada e com o dobro de gritos, em Porto Alegre. O lateral reserva Alessandro, que trocou o Cruzeiro pelo Grêmio, depois de um ano e meio atuando na Ucrânia, chegou abatido e em lágrimas no amplo vestiário do Estádio Olímpico.

Entre soluços, sentado num banco, mãos na cabeça baixa, cotovelos apoiados nas pernas, ele desabafou aos mais chegados:

– Eu não agüento mais a situação. Estou cheio. Não quero mais perder.

O papo agora era outro, o Náutico, a decisão, a oportunidade de fazer história. O lateral comentou:
– A camisa do Grêmio ainda assusta quem está do outro lado.

O desespero de Alessandro, que mesmo na reserva apoiava demais quem entrava em campo, comoveu os amigos próximos, depois seguiu adiante. Como uma onda, tocou a todos. Alessandro era um dos mais queridos entre os companheiros. Sempre diposto a ouvir, sempre atento aos problemas dos colegas. Se ele, um jogador rodado, com experiência internacional, estava assim, abalado, imagina os outros de currículos mais resumidos ou os menos experientes no futebol.

O grupo sentiu o baque. O questionamento aumentou. O grupo decidiu, então, buscar forças dentro dele mesmo. Os jogadores aproveitaram a viagem a Recife e, antes do jogo com o Sport, dia 16 de julho, ainda pela primeira fase da competição, o pacto foi selado no encontro de uma longa hora no hotel da delegação, num espaço reservado, só deles. Sem Mano Menezes, mas com o conhecimento do técnico.

Depois do papo, Patrício, um dos líderes, já sonhava de olhos abertos e explanava um sentimento comum. Chegou a comentar com o seu companheiro de quarto, o meia Luiz Fernando, o Fio, um dos mais positivos:

– Já pensou, Fio, se a gente fica na história do Grêmio? Ganha um lugar no Memorial do clube, serve de exemplo para os filhos dos filhos dos nossos filhos? Que loucura, hein?

Capítulo IV

Patrício buscou um dos bancos dianteiros, queria ver o cenário da decisão do quadrangular final logo, mas primeiro de longe. Observar e analisar, pelo menos, a mobilização da torcida, o termômetro de tudo. Na cabeça circulava o futuro, nada do passado, reuniões, conversas de grupo e mobilizações. O papo agora era outro, o Náutico, a decisão, a oportunidade de fazer história. O lateral comentou:

– A camisa do Grêmio ainda assusta quem está do outro lado.

Patrício se acomodou melhor, ligado no vaivém das ruas, antes do ônibus avançar sobre o asfalto bem posto da Praia da Boa Viagem, onde os tubarões costumam pescar surfistas e turistas desavisados, em direção ao Estádio Eládio Barros de Carvalho. Inaugurado em 1939 e reinaugurado em 2002, nos Aflitos, o estádio ocupa uma área no bairro de melhor qualidade de vida da cidade. O bairro, que abriga mais de cinco mil pessoas e não possui favelas, nasceu em torno de uma igrejinha, a Capela de Nossa Senhora dos Aflitos, erguida em 1762. A torcida do Náutico costuma pedir suas graças nos seis altares da igreja, um deles dedicado ao Senhor do Passos. E, em dia de futebol, a igreja acolhe público de missa de domingo, sempre com a idéia de uma promessa na ponta da língua.

No ônibus, enquanto muitos fechavam os olhos em busca de alguns segundos de conforto e concentração, o assessor de futebol Paulo Pelaipe tentava relaxar, mas era quase impossível. Todos os músculos do seu corpo estavam contraídos. Ele estava muito aceso. Tenso, ligado e um pouco cansado.

Pelaipe foi o primeiro dos dirigentes gremistas a fincar o pé no Nordeste na semana decisiva. Desembarcou no Aeroporto Internacional dos Guararapes logo na terça-feira, numa perfeita noite tropical de 22 de novembro, escoltado pelo chefe de segurança do clube, coronel Sidenir Almeida.

A missão do dirigente era encontrar acomodação num local sossegado, distante da mira dos fogueteiros pernambucanos, e seguro, longe da confusão urbana. Pelaipe e Almedia viajaram ainda com a missão de acertar o complicado esquema de segurança que envolvia a final entre Náutico e Grêmio. O medo dos gaúchos era de que o jogo perdesse o rumo da bola e penetrasse no imprevisível campo da violência.

Pelaipe conhecia bem o poder de fogo dos torcedores locais. Quase um mês antes, numa sexta-feira, 28 de outubro, 20 jogadores gremistas haviam trocado secretamente de hotel na véspera do encontro com o Santa Cruz (1 a 1), justamente para driblar a ação dos sonoros arruaceiros das madrugadas.

O superintendente Verardi chefiou o grupo que desapareceu misteriosamente do hotel quando a noite caiu e enquanto os hóspedes europeus se amontoavam no hall de entrada em busca dos mais atraentes bares e restaurantes da capital. A escapada enganou até mesmo a imprensa gaúcha que, mesmo de prontidão, só descobriu a fuga minutos antes da meia-noite, segundo o repórter da Rádio Gaúcha, José Alberto Andrade, e tocou o alarme nas principais rádios do Rio Grande do Sul.

As quatro principais emissoras gaúchas que faziam a cobertura do jogo decisivo (Gaúcha, Guaíba, Band e Pampa) trataram o episódio com lances de novela policial na longa madrugada de sexta para sábado. A ausência de seguranças no hotel, antes supervigiado, ofereceu a primeira pista do sumiço dos jogadores aos repórteres, que trataram de confirmar a informação. Mesmo sem saber o destino exato dos jogadores, eles despertaram o Rio Grande na manhã seguinte com novas informações, de que o Grêmio precisou deixar o hotel, à noite, camuflado em vans de vidros escuros para escapar do barulho que varou a madrugada. A ação dos fogueteiros locais seria paga com igual número de detonações pelos gaúchos nas tumultuadas visitas dos pernambucanos ao Estado.

Quando os primeiros foguetes começaram a estourar, próximos do Hotel Terramar, depois das 23 horas, os jogadores dormiam o sono dos justos muito longe da confusão.

Após o jantar das 21 horas, apenas com a roupa do corpo, chinelos e escovas de dentes, 20 jogadores à paisana, sem qualquer identificação com o Grêmio, usaram um amplo elevador de serviço do Hotel Terramar, em Jaboatão dos Guararapes. Evitaram a recepção, nos corredores alguns foram confundidos com jovens turistas estrangeiros em busca da melhor balada da noite, subiram rapidamente em duas vans com vidros fumê e seguiram rumo ao sul, direto e sem escala ao Hotel Blue Tree, em Cabo de Santo Agostinho, a 50 quilômetros da capital. Rodaram macio quase uma hora e receberam de presente o sono mais relaxante dos últimos dias, depois de alguns momentos de tensão.

– Era um plano arriscado. Poderíamos cair no ridículo se alguém descobrisse e avisasse toda a imprensa – explicou na manhã seguinte o assessor de futebol Renato Moreira aos repórteres.

Quando os primeiros foguetes começaram a estourar, próximos aos andares mais elevados do Hotel Terramar, depois das 23 horas, Pelaipe se dobrava de rir na beira da piscina, ao lado de outros dirigentes tricolores e integrantes da comissão técnica – já os jogadores dormiam o sono dos justos muito longe da confusão.

Os dirigentes gargalhavam durante as explosões. De longe, quem via a rodinha, mas não ouvia o tom da conversa, imaginava a presença de um maravilhoso contador de piadas entre aqueles alegres hóspedes. Os gringos que passavam por perto se espantavam com tamanha alegria.

O plano de fuga arquitetado em Porto Alegre, traçado na sala do Departamento de Futebol, acima das arquibancadas das sociais do Estádio Olímpico, concluído em Recife, na manhã de sexta-feira, em outra sala refrigerada, estava dando certo. Os jogadores dormiam numa praia, os torcedores gastavam sua munição e energia em outra e nem desconfiavam da perfeita estratégia do inimigo da vez.

Animados, talvez um pouco irados, mas quase sempre amistosos, os torcedores do Santa Cruz e do Náutico, unidos em nome do futebol local, imaginavam estar perturbando o sono dos gaúchos – e dos paulistas. A Portuguesa era, naquele mesmo sábado de outubro, adversária do Náutico no outro jogo da segunda rodada do quadrangular final – Recife estava mesmo no centro de todas as decisões da Série B de 2005. Os paulistas jogavam no mesmo horário, no Estádio dos Aflitos, distante três quilômetros do Arrudão, onde o Santa esperava o Tricolor do Sul. A Lusa estava hospedada na mesma quadra do hotel do Grêmio, numa distância de cerca de 200 metros.

Alguns torcedores mais dispostos, talvez calibrados por cervejas a mais, ainda gritavam em meio ao foguetório:

– Ah, é Pernambuco. Ah, é Pernambuco.

A seqüência de explosões cresceu com a chegada da madrugada de boa brisa do dia 29 de outubro. As baterias se sucediam de 20 em 20 minutos e eram anunciadas com uma onda de buzinaços. Os automóveis faziam a volta na quadra dos hotéis das delegações gaúchas e paulistas como os índios atacavam as caravanas de pioneiros nos filmes do Velho Oeste. Sem arco e flecha, mas com um cerco de inesgotáveis rojões e mão pesada na buzina.

Pintado em azul e preto, o veículo exibia as cores clássicas do Grêmio. Fãs mais agressivos do Santa quebraram um dos vidros, mas só depois ficaram sabendo que o carro era de turismo.

Dois armaram uma série de baterias no chão castigado de uma velha jangada, mas na hora de riscar o fósforo, um foguete explodiu. Outros explodiram juntos em questão de segundos, mas no interior do pequeno barco, que pegou fogo imediatamente. Os dois fogueteiros, apavorados e com medo de novas explosões simultâneas, pularam no mar de qualquer jeito para salvar a pele. A polícia apareceu e levou a desastrada dupla, toda lanhada pelas afiadas extremidades dos arrecifes da praia. Fogos de artifício a polícia podia tolerar, tanto quanto seus colegas gaúchos de farda em véspera de jogo em Porto Alegre (contra o Náutico, sete dias antes), mas jangada incendiando de madrugada na beira da praia parecia uma pouco demais.

Outro barco, guiado por marinheiros mais qualificados, deu na praia pelo mar antes dos primeiros raios de sol. Carregado de foguetes, o grupo de quatro jovens saiu da água salgada e plantou os canhões na areia da praia mesmo. Haviam deixado o grosso da artilharia para perto das 4 horas da manhã. Quem dorme, acorda, e depois, com as explosões, não pega mais no sono. Só vai dormir bem mais tarde. Aí, a manhã já chegou e com ela a claridade e seus outros ruídos.

O único incidente que mobilizou de verdade as autoridades naquela agitada madrugada foi o ataque contra um ônibus estacionado perto do hotel. Pintado em azul e preto, o veículo exibia as cores clássicas do Grêmio. Fãs mais agressivos do Santa quebraram um dos vidros, mas só depois ficaram sabendo que o carro de turismo era de um grupo de argentinos de meia-idade em férias na região. As autoridades vieram, os baderneiros sumiram e ninguém foi preso.

O prejuízo ficou com os estrangeiros. Logo eles, que não sabiam de nada, nem tinham o mínimo interesse pela decisão. Pediam somente sol, mar, caipirinha e o saudável descontrole dos ensaios de Carnaval.

CAPÍTULO V

Desta vez, contra o Náutico, no jogo de uma vida, Pelaipe pisou em Recife com a idéia fixa, dele e da direção gremista, de tirar o Grêmio da cidade. O foguetório da partida com o Santa Cruz, a segunda do quadrangular final, serviu de exemplo. Mas ele desejava evitar estratégias antigas, sem dar um por cento de chance ao azar. A delegação gaúcha não tinha como chegar do Sul no dia, na exata manhã do jogo da tarde, por exemplo. Nem como se abrigar em Maceió, devido à distância, ou aceitar o convite feito por outras cidades próximas, como a capital João Pessoa.

Os sites das torcidas organizadas de Recife davam como certa a hospedagem do Grêmio num hotel cinco estrelas de Maceió. Mas longos deslocamentos em dias de jogos são complicados, requerem logísticas especiais e irritam e desconcentram os jogadores.

O lugar ideal estava localizado a 39 quilômetros de Recife, entre coqueiros, bananeiras e palmeiras, um hotel-fazenda na Praia da Gavoa, em Igarassu, antiga terra dos índios caetés, no litoral norte da Região Metropolitana de Recife. As cabanas ficavam a quase oito quilômetros da entrada da sede, sempre vigiada por seguranças armados, e o outro acesso, o mais fácil, se dava pelo mar. O lugar é um santuário ecológico, conhecido por suas piscinas naturais de águas mornas. Isolado, tranqüilo e muito escuro à noite, graças ao mato denso, tem como único acesso uma estrada de pedras, formando um calçamento irregular e contra-indicado para quem gosta de dirigir acima da velocidade normal.

O local é distante do burburinho de Recife, reservado e, aparentemente, à prova de foguetes. A menos que os funcionários ou hóspedes do lugar resolvessem soltar bombas por sua conta e risco, algo improvável. Para despistar a insistente imprensa local, Paulo Pelaipe soltou a notícia de que o time voltaria à hospedagem cinco estrelas de Cabo de Santo Agostinho, como acontecera na véspera do encontro com o Santa Cruz (1 a 1), naquela noite da escapada silenciosa do final de outubro. Mais cauteloso ainda, temendo os arruaceiros das madrugadas, como acontecera antes, o clube fez reservas antecipadas em quatro hotéis diferentes em Recife e arredores.

O dirigente só confirmou a chegada à Praia da Gavoa na quarta-feira mesmo, 23 de novembro, três dias antes da decisão, endoidecendo os funcionários do Hotel Gavoa. Eles precisaram trabalhar dobrado, esticar a jornada até depois das 23h para acomodar a delegação de 32 pessoas que desembarcaria logo depois da meia-noite. A primeira providência foi reforçar a segurança interna e externa, mesmo nas proximidades das cabanas, quase todas escondidas no meio da vegetação. A marina da praia começou a ser patrulhada imediatamente por dez homens, a partir daquele momento, 24 horas cuidando do acesso por mar, a entrada mais vulnerável do hotel.

Bastaria ter um bote, um caiaque ou uma jangada de madeira, lotada ou não de fogos de artifício, para atracar na liberada marina. Pelaipe e Almeida temiam uma ação planejada dos fogueteiros, saídos do mar, possivelmente entre sexta-feira e sábado, no breu da madrugada, horas antes da partida final.

No aeroporto dos Guararapes, nas primeiras horas da

madrugada estrelada de quinta-feira, 24 de novembro, decididos torcedores uniformizados do Náutico esperavam os fatigados gremistas, que viajaram quase oito horas desde o Aeroporto Internacional Salgado Filho, com demorada e cansativa escala em São Paulo. Os exaltados fãs queriam marcar território, mostrar que ninguém seria bem-vindo, seguir o ônibus dos gaúchos, mapear o caminho e avisar outros simpatizantes, talvez tão exaltados e decididos quanto eles.

Mas foram cuidadosamente despistados por um funcionário do próprio aeroporto, torcedor fanático do Sport Clube Recife, que indicou o caminho errado, depois de um plano combinado com Almeida. O homem avisou que o ônibus deixaria o local pelo portão 5, a notícia correu rápido e mapeou o posicionamento dos torcedores e da imprensa. Mas o ônibus contratado pelos gaúchos entrou direto na pista, andou uns metros e colou perto da escada dos passageiros do Boeing. A delegação deixou o avião, tomou o ônibus e escapou por um discreto portão lateral, distante do burburinho de faixas, bandeiras e cânticos das torcidas organizadas plantadas no saguão do aeroporto.

O ônibus tomou o rumo do município de Igarassu, onde fica a Praia da Gavoa, escoltado por duas Blazer escuras, uma atrás, outra na frente. Dentro das caminhonetes seguiam oito homens discretamente armados, 24 horas à disposição do Grêmio. Foram contratados por R$ 7 mil reais e, durante os quatro dias seguintes, seriam as sombras dos gaúchos, seja no hotel, nos deslocamentos, nos treinos e antes e depois da decisão com o Náutico. Só deixariam a delegação na manhã de domingo, quando todos já estivessem embarcados, independentemente do resultado, no vôo de volta.

O grosso da torcida do Náutico, em vários carros, sempre com pressa, tomou outra direção. Menos dois automóveis e a colorida van de uma tevê local que, em determinado ponto do trajeto, depois da saída do aeroporto, passaram a seguir o ônibus. A caminhonete da tevê andava na frente, recuava, ziguezagueava, tentava furar o bloqueio e se intrometer entre as Blazer da segurança e o ônibus dos jogadores. Um cinegrafista, pendurado na janela, meio corpo de fora, procurava filmar tudo. Registrou somente os vidros escuros, a placa e as luzes do veículo que não exibia nada de especial. Parecia apenas um veículo de turismo normal, algo que já faz parte do cenário da região. Ninguém apareceu na janela, abanou ou puxou conversa.

Perto do acesso direto ao hotel-fazenda da Praia da Gavoa, a Blazer da frente brecou, trancou a estrada e depois o ônibus passou, guardado de perto pela atenta escolta traseira. A primeira entrada na frente do hotel foi fechada em segundos, trancada com uma larga corrente. De um dos carros desceu o coronel da reserva da BM gaúcha, Sidenir de Almeida. Ele levantou a mão, os motoristas dos carros viram o obstáculo, notaram que a passagem estava bloqueada e frearam.

– Daqui ninguém passa. Ordens do Grêmio – berrou Almeida, escoltado por quatro seguranças e mais empregados do hotel, enquanto os carros dos torcedores davam meia-volta e os motoristas despejavam palavrões na madrugada quente.

O local da concentração tinha sido descoberto, mas como já era madrugada de quinta-feira, a notícia circularia com menos velocidade. O resto da noite, com certeza, seria propícia ao legítimo sono de beira de praia isolada. O Grêmio estava seguro na sua fortaleza, onde dormiria durante três perfeitas noites tropicais.

O coronel Sidenir era o elo entre o Grêmio e as autoridades locais nos delicados arranjos na área de segurança.

Contatou seus colegas da PM pernambucana e a polícia civil local. Antes conversou por telefone, depois ao vivo, ouviu, falou e propôs. Almoçou com alguns, jantou demoradamente com outros, ofereceu camisetas e suvenires do Grêmio como presente de boa vizinhança e achou melhor contratar seguranças ligados ao Sport, terceiro time de Pernambuco e fora das trepidantes finais da Série B. Até comentou com Pelaipe, que concordava:

– A rivalidade local nos ajudou. Com o Sport fora da decisão, muitos torcedores do time ficaram ao lado do Grêmio. Eles não queriam ver Náutico e Santa Cruz na Primeira Divisão, já que continuavam na segundona.

O coronel da reserva da BM gaúcha tinha estudado planos distintos para encaminhar o Grêmio a Recife no sábado, 26/11, dia do jogo, caso a única estrada que liga o hotel-fazenda à capital fosse trancada de alguma forma. Por torcedores radicais enfurecidos ou mesmo pelo imprevisível e combativo Movimento dos Sem-Terra de Pernambuco, o segundo estado mais populoso do Nordeste.

Uma das suas estratégias, porém mais remota e dispendiosa, exigia helicóptero. A outra, mais viável, tinha até lancha acertada, um barco especial que podia acomodar 40 pessoas. A delegação sairia da marina do hotel, navegaria por um mar de ondas imprevisíveis até Recife, atracaria no porto e depois chegaria de ônibus ao bairro dos Aflitos, um dos 94 da cidade.

Perder por W.O., já que havia claros indícios de uma guerra fora de campo entre as direções dos clubes, não entre as torcidas, estava fora de questão. O Grêmio entraria no Estádio dos Aflitos antes do horário previsto para o jogo, com certeza e calma. Por terra, ar ou mar.

Capítulo VI

Se Pelaipe estava com a cabeça a mil no ônibus que trafegava à beira-mar sem obstáculos rumo aos Aflitos, Pereira, um dos líderes dos jogadores, deixou a imagem do filho congelada na sua mente durante alguns minutos do trajeto entre o hotel de Jaboatão dos Guararapes, onde eles almoçaram, e a arena do jogo, em Recife. O ônibus andava, a paisagem não mudava. Só as cores dos guarda-sóis e os modelos dos biquínis trocavam de tons, mas Pereira não via nem ouvia nada. Nem o ronco das Blazer de quatro portas, ocupadas por seguranças, que zelavam pela integridade dos ocupantes do ônibus, ele percebia.

A hora do jogo estava chegando rapidamente, o corpo do zagueiro permanecia acomodado no banco, mas a mente buscava outras zonas da memória e escapava da realidade. Pereira não conseguia se livrar das imagens que o técnico Mano Menezes escolheu, mandou gravar num CD e mostrou aos jogadores na palestra das 13h, quatro horas antes do início da decisão.

Foram cinco minutos de som e imagens, não muito mais do que cinco minutos da mais pura emoção reservada, planejada e encaixada no final da última e detalhada conversa antes da hora da bola. Muitos se encolheram nas cadeiras da ampla sala de conferência do Hotel Dorisol e choraram baixinho, tocados e emocionados. Ouviram-se soluços, depois, silêncio. A comissão técnica sentiu que algo havia tocado fundo, de verdade, no coração dos jogadores horas antes do confronto que decidiria o futuro de todos os presentes naquela sala.

Pereira e mais 19 companheiros, mesmo os que não ficariam nem no banco de reservas, assistiram aos melhores momentos da história do Grêmio, concentrados nas três últimas e vitoriosas décadas do clube. Eles ficaram ligados nos lances mais decisivos de todos os títulos que o clube ganhou longe do seu estádio: Copa do Brasil e Campeonato Brasileiro, em São Paulo, Taça Libertadores da América, na Colômbia, e o Mundial, no Japão. Viram os gols, as jogadas célebres, os craques do passado levantando as taças e as magníficas recepções aos vencedores nas ruas azuis de Porto Alegre.

Segundos depois, a frase do filho brotava na sua memória, ele ria sozinho: – Faz um gol, pai, e vê se não dá carrinho. Nem você nem o nego Domingos.

Mas, dos títulos, Pereira já sabia, alguns gols não eram novidade. A televisão repete as conquistas com alguma regularidade, e a festa... Bom, festa toda torcida faz. Uma vibra mais, a outra vibra muito mais. O raçudo zagueiro notou também que, depois das maravilhosas imagens de celebração, Mano congelou uma emblemática frase na tela. Sem voz, sem música, sem som.

Uma única frase aparecia no vídeo da silenciosa e climatizada sala de conferências do Hotel Dorisol, na Praia da Piedade:

Espaço reservado para esta conquista.

Mas o que marcou mesmo Pereira, independentemente da frase motivacional de Mano, o que o levou a acreditar ou, mais do que acreditar, a desejar vencer o jogo com todas as suas forças, vivia longe dos gols, da euforia das taças no ar, do grito enlouquecido do apaixonado torcedor. Estava no interior da sua própria família. Pereira lembrava sem parar do depoimento do filho Gabriel, um garoto que já virou gremista de verdade em menos de dois anos em Porto Alegre, tanto que se recusa a usar vermelho e só vai ao colégio de roupa azul.

Lá no vídeo aparecia o garotão, que vai ser comprido que nem o pai, mandando uma mensagem no telão, entrando logo depois da voz firme e confiante dos dois ídolos multicampeões, Dinho e Roger. Gabriel misturado a dois grandes nomes da história recente do Grêmio. O guri abriu um sorriso de orelha a orelha e exigiu no vídeo:

– Pai, traz o troféu pra nós.

Pereira não tinha medidas para a sua sensação naquele momento, se aproximando da zona de risco dos Aflitos. Nem fazia questão de esconder os olhos úmidos. Segundos depois, quando a outra frase do filho brotava na sua memória, ele ria sozinho, alto, chamando a atenção dos colegas de assentos mais próximos:

– Faz um gol, pai, e vê se não dá carrinho. Nem você, nem o nego Domingos.

Para o zagueirão, que considera Domingos um irmão mais novo, o jogo ainda estava longe, seu foco era a família e o estádio não passava de uma preocupação para um pouco mais tarde, ao contrário do roupeiro Marco Aurélio Nunes Severino. Este queria chegar ao centro do confronto o quanto antes. Sua ansiedade aumentava a cada quilômetro rodado.

A preocupação de Severino não estava apenas no material de jogo do dia, acomodado num baú de metal: os três ternos de camisas tricolores, do número 2 ao 18, nem os outros três fardamentos de reserva, de cor branca, muito menos os 32 calções pretos ou as 15 bolas – eram 16, mas roubaram uma novinha num dos treinos da semana no estádio do Intercontinental, em Paratibe, na área metropolitana de Recife.

Ainda deu pra ver o guri baixinho correndo que nem ponteiro dos velhos tempos com a bola embaixo do braço, seguido por outros três ainda mais faceiros. Aquilo não era roubo, era uma desapropriação, talvez outra semente do futebol brasileiro estivesse brotando naquele exato momento.

Severino não estava pensando em meias e tornozeleiras, chuteiras e caneleiras, mas na carga extra de um dos baús que servem a delegação em todas as viagens. No fundo, bem escondido, enrolado em grossos pedaços de pano, ele havia acomodado, a pedido dos dirigentes, uma marreta, capaz de abrir uma parede de tijolos e cimento, e uma barra de ferro de mais de um metro de comprimento, algo parecido com um pé-de-cabra. Os artigos de demolição seriam usados caso o minúsculo vestiário do estádio apresentasse uma parede recém-erguida, uma porta fechada com cadeados, um banheiro lacrado ou mesmo uma cerca de arame farpado que impedisse a passagem normal dos jogadores.

Severino não sabia o que iria encontrar pela frente nesta tarde. O goleador do time, Ricardinho, com seis gols, sabia. Paraibano de Bayeux, cidade de nome francês mas vizinha a João Pessoa, o centroavante chegou com 14 anos em Recife como promessa de atacante e acha que está em casa sempre que visita a cidade. Foi jogar no Santa Cruz, antes de tentar a sorte em São Paulo, e durante quatro anos levou muita bordoada em clássicos disputadíssimos no maltratado gramado de 105 metros de comprimento por 70 metros de largura do estádio do Náutico – um terreno de jogo inóspito, duro e esburacado, onde a bola, às vezes, não corre, quica.

Capítulo VII

Ricardinho não ficou surpreso com o que viu quando o ônibus começou a perder velocidade ao penetrar nas ruas próximas ao estádio do Clube Náutico de Capibaribe – que podia se chamar somente Capibaribe, nome do principal rio de Recife. Afinal, o clube nasceu para a prática do remo em 1897, mas adotou o futebol em 1909. É mais ou menos como o Grêmio, fundado em 1903, que se chama Porto-Alegrense, porém só atende por Grêmio. O atacante sentiu quando o longo e pesado veículo parou de vez. Tentou cruzar um portão, mas ficou entalado na entrada, apesar das manobras. Eram 13h50. O veículo permaneceu com meio corpo fora do estádio, meio dentro, depois do muro que o protege das ruas estreitas e das casas e edifícios.

– Quem tá com medo pode descer. Lá dentro o bicho vai pegar. É guerra.

O portão era estreito demais para deixar entrar o ônibus até quase a porta do vestiário. Ricardinho viu de cima, quase de um segundo andar, os pernambucanos que diziam palavrões, batiam na lataria e lançavam um grito de guerra conhecido em todo o Brasil, de Santa Catarina ao Nordeste, passando por São Paulo, Rio de Janeiro e Minas Gerais. Duas palavras decoradas e entoadas à exaustão pelas torcidas adversárias quando enfrentam times do Rio Grande do Sul:

– Gaúúúchooooo, viiiiaaadoooo, gaúúúchoooo, viiiiaaadoooo...

O paraibano Ricardinho riu com o coro. Levantou a voz e arriscou a brincadeira:

– O pessoal lá fora tá procurando alguém...

O chiste cortou a tensão e a risada foi quase geral. O capitão Sandro aproveitou a deixa, a quebra do silêncio e da concentração a bordo, e mandou um recado, bem alto, recuperando o clima:

– Quem tá com medo pode descer. Lá dentro o bicho vai pegar. É guerra.

Todos ouviram, mas desta vez os risos foram mais trancados e mais curtos.

– Já deu para sentir que não será um jogo normal, nem dentro, nem fora do campo – falou, desta vez mais baixo, mas poucos devem ter ouvido.

O capitão Sandro Goiano, que nasceu em Pirenópolis, a mesma terra dos dois filhos de Francisco, o pai de Zezé de Camargo e de Luciano, já rodou o Brasil. Esteve na serra gaúcha, jogou no Paraná e ficou mais de meia década em Belém do Pará, usando o azul mais claro do Payssandu. Quando foi contratado, no mesmo dia, um lamentável 16 de junho, assistiu de cadeira a uma das piores derrotas da história centenária do Grêmio, o 4 a 0 contra o Anapolina.

Um jogo onde o precipício da Série C, milhares de metros mais profundo que o da B, começou a dar vertigens em todos aqueles que tinham o Grêmio como norte e paixão de vida. Sandro lembrou do dia e comentou:

– Deu vontade de rescindir o contrato naquela noite mesmo, depois do quarto gol. Quase fui embora. Olhei para o céu, pensei na minha família e disse bem baixinho, para ninguém ouvir: “O que eu estou fazendo aqui, meu Senhor?”.

Quase seis meses depois do desastre de Goiás, na noite da antevéspera do jogo contra o Náutico, quinta-feira, Sandro Goiano, capitão do time, sabia direitinho o que estava fazendo, mas esperava algo ruim. Sentia. Não dentro de campo, o time que fora liquidado em Anápolis era outro, já sepultado na pior memória tricolor, mas fora, no entorno. O time de hoje parecia imune a vacilos como aquele na indecisa fase inicial da Série B de empates, derrotas e magras vitórias. Mostrava-se uma equipe mais determinada, consciente e preparada.

Ele sentia que o Grêmio da decisão era o Grêmio sempre ansiado pelo seu torcedor. Sandro sempre dizia, passava a frase aos colegas, repetia em entrevistas, falava aos dirigentes e tentava transmitir confiança e formar uma corrente:

– Pode faltar futebol, alma jamais.

"Pelo ar eles até podem usar foguetes, tentar algo diferente, mas então a gente tem ordens de ligar imediatamente para o coronel – explicava o segurança."

Numa conversa noturna com os seguranças particulares, Sandro buscava informações no silencioso e retirado hotel-fazenda da Praia da Gavoa , quase um quartel nos dois dias que antecederam o sábado do jogo com o Náutico. Queria estar preparado para uma eventual emergência. Ninguém apreciava ficar caminhando nas horas vagas e encontrar homens de cara amarrada, de armas escondidas, porém volumosas, vigiando corredores, portas e janelas.

O rodado Sandro só ouvia frases preocupantes dos seguranças, uma atrás da outra. Ironizando ou não, puxando uma brincadeira ou falando mais sério, eles jogavam contra a tranqüilidade dos hóspedes famosos, projetando invasões e foguetes na hora do sono:

– Por terra, acho que eles não vêm. Talvez por ar, de helicóptero. Mas aí a gente chama mais reforço – dizia um.

– Só se vierem pelo mar, de jangada, canoa ou lancha. Pela marina é mais fácil entrar no hotel – assustava outro.

– Nós estamos aí, qualquer invasão nós estamos aí – tentava acalmar um terceiro.

Pereira, que estava por perto, também acompanhou a conversa. Só ouvia, sem saber se acreditava ou não. Preferiu ignorar.

– Acho que pelo ar eles até podem usar foguetes, tentar algo diferente, mas então a gente tem ordens de ligar imediatamente para o coronel – explicava outro.

Capítulo VIII

O goleador Ricardinho olhou da janela do ônibus a avenida Conselheiro Rosa e Silva, que no número 1.030 abriga o Estádio dos Aflitos, e só enxergou pessoas usando o branco e o vermelho do Náutico. Ele aproveitou a parada involuntária, que se alongava um pouco, e começou a mudar de roupa no banco do ônibus mesmo. Queria estar pronto logo, entrar em campo, acabar com toda a tensão de uma vez. Começou fixando a atadura do pé direito, sempre com calma, pois o ônibus continuava atravessado no portão de entrada. Não tinha como avançar nem recuar.

– Não posso arranhar o ônibus – avisava o motorista, muito nervoso.

O atacante sabia que, em minutos, os jogadores precisariam descer, enfrentar a torcida ao vivo e se entocar no pequeno vestiário, localizado atrás de uma das goleiras, que já conhecia de outras partidas. Marcelo Costa notou o esforço de Ricardinho, atravessado no banco, falou com o companheiro, mas preferiu esperar e se trocar no vestiário mesmo.

O ônibus estava parado havia mais de 10 minutos, quase meia hora depois de deixar a Praia da Piedade, em Jaboatão dos Guararapes. A polícia se agitava lá fora, os torcedores se aproximavam e se afastavam do ônibus, mas sem violência. No máximo, palavrões.

Uma interminável procissão de 20 mil torcedores buscavam seus lugares nas cadeiras e nas arquibancadas, observados de perto por uma força de 800 policiais. Dos 21.800

ingressos colocados à venda, 17.300 foram vendidos 48 horas depois. Entraram no estádio 20.754 adultos, seguidos de 2.501 crianças, fora os 1.599 credenciados. O movimento não parava. Nem nos Aflitos, nem ali perto. Sessenta mil pessoas procuravam seu espaço no Estádio do Arruda, onde Santa Cruz e Portuguesa também jogariam às 15 horas locais, 16 horas de Porto Alegre devido ao horário de verão. Os relógios de Pernambuco desobedeciam aos de Brasília.

– Nosso horário é o de Deus, não o dos homens – sempre dizia o mais compenetrado dos seguranças das Blazer.

– Eu sei, eu sei. Vou jogar este jogo como se fosse a partida da minha vida. Só vou sair do Grêmio com o clube na Primeira Divisão. (Anderson)

Ex-jogador do Juventude, Marcelo Costa, que depois trocou a Ilha da Madeira, em Portugal, por Porto Alegre, foi um dos poucos jogadores que acordaram com o barulho distante de raros foguetes que explodiram no sossego do hotel-fazenda da Praia da Gavoa, na madrugada do dia da decisão. Desperto às 3 horas, o meia apenas olhou a hora no visor do celular, tomou um gole d'água e ajustou com a mão direita dois tapadores de ouvido. O som externo sumiu e ele voltou a dormir quase imediatamente. Marcelo não ficou sabendo que a polícia prendeu duas pessoas que acendiam foguetes nas brasas de cigarros nas janelas traseiras de uma caminhonete de cabine dupla. Conseguiram explodir 30 segundos de fogos, não mais. Foram alcançados em seguida pela polícia e levados para a delegacia da área. Sem noção do perigo, detonavam os foguetes dentro do próprio carro, sem se importar com as outras bombas que carregavam, arsenal suficiente para matá-los caso uma das outras baterias explodisse.

Horas antes, na mesma noite anterior à decisão, depois do jantar de muita conversa e algumas brincadeiras, Marcelo Costa havia encabeçado mais uma reunião de 40 minutos com alguns jogadores, dez ao todo, numa pequena sala do hotel-fazenda. Participaram Sandro, Pereira, Ricardinho, Domingos, Lipatin, Patrício, Anderson, entre outros. Todos falaram, todos ouviram. Mas o discurso foi só um: a importância do jogo para a carreira deles, do adolescente porto-alegrense Anderson ao uruguaio quase trintão Lipatin. Depois do encontro, Marcelo puxou Anderson pelo braço, levou-o para um canto e disse perto do ouvido do atento garoto. Era mais do que um conselho. Era quase uma ordem.

– Eu sei que tu é novo, nego. Mas vamos nessa que tem que ser amanhã de qualquer maneira. É amanhã ou nunca.

– Eu sei, eu sei. Vou jogar este jogo como se fosse a partida da minha vida. Só vou sair do Grêmio com o clube na Primeira Divisão.

Marcelo Costa estava ansioso naquele começo de tarde nos Aflitos, mas nada tenso, mesmo com uma multidão em volta. Ainda dentro do ônibus, nem viu quando o ex-presidente do Grêmio Luiz Carlos Silveira Martins tomou distância, correu e deu uma voadora no meio da porta de metal que impedia a abertura da porta do ônibus, ainda atravessado no portão. A porta de metal cedeu, mas foi necessária ainda a ajuda de policiais e uns 15 conselheiros, já fora do ônibus cartolão, para completar o serviço. Com mais espaço, o motorista do ônibus conseguiu abrir a sua porta e os jogadores puderam saltar os degraus e pisar no interior da murada do estádio.

O preocupado motorista ainda alertou:

– Cuidado com a porta, cuidado. Eu não posso arranhar o carro.

Quando chegou sua vez de descer, Marcelo pisou tranqüilo na calçada. E, depois de um pique curto, sem olhar muito para os lados, já estava protegido na entrada do vestiário, cercado por seguranças, companheiros e gremistas de diferentes divisas.

A Polícia Militar organizou um cordão de isolamento entre a saída do ônibus e a entrada do vestiário. O único perigo poderia surgir do alto das arquibancadas, onde as pessoas olhavam para baixo e, ao menos naquela hora, desfilavam apenas seu repertório de palavrões. Eles poderiam jogar o que quisessem. Pedaços de tijolos, pedras, foguetes, qualquer coisa mesmo. Mas do alto, depois das 13 horas, só desciam insultos verbais.

A violência física era quase igual a zero nas proximidades do vestiário dos visitantes e em torno do estádio. E assim ficaria até o final. Nem os passageiros do ônibus cartolão sofreram incômodos, salvo as caras feias de momentos como este. Os cartolas gaúchos, vestidos de branco e azul, foram tomar seus lugares no estádio.

Capítulo IX

O roupeiro Severino ficou mais tranqüilo quando o baú com o fardamento e as armas secretas, a marreta e o pé-de-cabra foi depositado num canto do vestiário. Mas somente calções e camisetas seriam retirados da enorme caixa de metal. Os dois outros utensílios de ferro nem seriam tocados. Não havia o que quebrar ou arrebentar no mínimo espaço do vestiário, nem o que fazer contra um cheiro forte e desagradável da tinta a óleo recém-usada nas paredes. Em alguns pequenos e superficiais orifícios, cavados no chão, a tinta estava misturada a querosene e a solvente, aumentando a sensação de desconforto.

Na entrada, mas do lado de fora, o fedor era muito maior. Um contêiner lotado de lixo orgânico apodrecido guardava o acesso ao vestiário. Parecia impossível ficar ali por mais de cinco segundos respirando normalmente.

Mas os problemas não se localizavam apenas na entrada e no interior do vestiário. Uma porta de ferro, maciça e recém-chumbada na parede de tijolos, impedia o acesso de quem estava dentro do vestiário ao gramado e cortava a ventilação. Um grosso cadeado trancava a porta, que só podia ser aberta pelo lado de fora. A PM também não arredava o pé da entrada. Nem a soma da marreta com o improvisado pé-de-cabra conseguiria abrir caminho, derrubar a porta, destruir o grosso cadeado e garantir o avanço rápido e seguro pelo escuro túnel de vinte metros que desembocava no interior do Estádio dos Aflitos.

O vestiário oferecia a sensação de uma sauna de 40 graus centígrados cheirando a tinta óleo recém usada. Nunca o lugar tranqüilo onde os jogadores trocam de roupa, ganham massagens, fazem aquecimento e recebem as últimas instruções do treinador.

Medindo o vestiário a passos longos, dez passos de comprimento por cinco de largura, o paranaense Samir Omeiri, assistente do preparador físico Flávio Trevisan, pensava no aquecimento dos jogadores, impedidos de exercitar-se dentro de campo, e tentava definir um espaço. Presos embaixo das arquibancadas, sem acesso ao gramado, confinados no vestiário apertado e fedorento, antes de começar os exercícios coletivos, seus comandados precisavam ser ainda mais motivados por ele.

Omeiri batia palmas e falava com cada um bem de perto. Melhor, não falava. Olho no olho, intimava.

– Entra, entra logo. Volta ou vocês vão apanhar agora mesmo, antes de pisar no gramado.
Pereira desistiu. Se esforçou, fez que não era com ele. O inimigo usava fardamento, só que não era em tom verde.

– Eu decidi trabalhar no Grêmio pela grandeza do clube. O grupo de 1983, em Tóquio, era muito corajoso. Nós também somos. Vamos ganhar e exibir nosso pôster com as faixas de campeão.

Omeiri exigia alongamentos, procurava trabalhar no espaço curto disponível e improvisar o aquecimento. Por decisão de Trevisan, campeão brasileiro pelo Corinthians nos anos 90, o time faria aquecimento em dois tempos. A segunda etapa seria feita em campo mesmo e azar que o jogo atrasasse, que furasse o sagrado horário da grade de programação da tevê.

Os jogadores faziam exercícios sem sair do lugar, um batendo no outro, mas não reclamavam, seguiam o ritmo. Trevisan avisava a quem quisesse ouvir:

– Este grupo é o mais unido que eu vi na minha vida. E olha que são 22 anos como preparador físico. Eles têm um objetivo comum.

Depois que a porta de ferro do vestiário foi aberta pelo lado de fora, minutos antes do jogo começar, o quarto-zagueiro Pereira tentou forçar a passagem. Abrir caminho até o gramado e fazer um aquecimento normal, queria ser o primeiro da fila. Bateu de frente com quatro policiais militares no espaço que antes era da porta, já escancarada. Eles formavam uma barreira e não deixavam ninguém avançar pelo túnel e ganhar o gramado.

Pereira começou a discutir com um deles, levantou a voz e o dedo da mão direita. Foi peitado pelos homens fardados, dispostos a qualquer coisa. Segundos antes do bate-boca se transformar em luta livre, o técnico Mano Menezes se adiantou e ajudou a tirar o seu zagueiro da confusão. A polícia aproveitou e sitiou o vestiário. Ninguém entrava, ninguém saía.

Ao ser forçado a evitar o confronto com os novos donos do túnel, puxado para dentro, Pereira ainda precisou ouvir:

– Entra, entra logo. Volta ou vocês vão apanhar agora mesmo, antes de pisar no gramado.

Pereira desistiu. Se esforçou, fez que não era com ele. O inimigo usava fardamento, só que não era em tom verde. Ele decidiu se guardar para depois, caso precisasse. Deu as costas aos PMs e voltou ao improvisado aquecimento.

Capítulo X

Naquele momento, os dirigentes pernambucanos estavam apenas cumprindo uma promessa feita em Porto Alegre, depois que o Grêmio venceu o Náutico (1 a 0, gol de Domingos), dia 22 de outubro, e passou bem pelo Santa Cruz (2 a 0, gols de Lipatin e Marcel), a 19 de novembro, e repetida em tom provocativo nas semanas seguintes. Eles juraram que o Grêmio, jogadores e dirigentes, iria se arrepender de tudo o que havia feito em Porto Alegre. E o tudo, segundo eles, era falta de água nos banheiros do Olímpico e a demora para liberar o vestiário – fora, lógico, os foguetes estourados nas madrugadas, que deixaram insones os nordestinos. Uma descortesia que merecia ser paga (e foi) no mínimo com moeda idêntica.

– Os que soltam foguetes de madrugada perto dos hotéis não têm mulher. Não podem ter.

Ex-jogador do próprio Grêmio nos anos 90, Cleisson foi mais além. Depois de agredir Anderson sem bola dentro de campo, com um pontapé no tornozelo, o veterano e agressivo meio-campo do Náutico avisou que os adversários receberiam o troco por seus torcedores terem perturbado os pernambucanos na capital gaúcha. O Santa Cruz e o Náutico comunicaram oficialmente à Federação Pernambucana de Futebol que foram maltratados no Rio Grande do Sul.

Na madrugada do dia 22 de outubro, horas antes de enfrentar o Grêmio no Olímpico, todo o time do Náutico foi despertado por diversas incursões de fogueteiros nos arredores do hotel, onde estavam hospedados em Porto Alegre. Ninguém dormiu direito. Muitos acordaram e não conseguiram mais pegar no sono, ligaram as tevês, e os mais exaltados chegaram a sair dos seus quartos e passaram horas perambulando pelos corredores e conversando.

O lateral Bruno Carvalho estava indignado e, antes do jogo, porta-voz da maioria, falou com raiva nos microfones das rádios que cobriam o jogo na avenida Carlos Barbosa:

– Os que soltam foguetes de madrugada perto dos hotéis não têm mulher. Não podem ter.

Na sua vez de enfrentar o Grêmio, em Porto Alegre, no dia 19 de novembro, o Santa Cruz não repetiu a estratégia do co-irmão Náutico. Mirou a astúcia gremista em Recife. Descartou os hotéis no centro urbano e foi achar tranqüilidade e sono perfeito em Viamão, no eco-resort Vila Ventura, 30 quilômetros longe de Porto Alegre. No Sul, o Santa usou a mesma estratégia que os gaúchos estavam adotando nas viagens a Recife.

Os 24 apartamentos alugados ficavam a quase um quilômetro da entrada principal do resort. Os foguetes, se estourados nos arredores, chegariam como simples traques nos amplos quartos do hotel, camuflados pela vegetação. Antes de encontrar refúgio na verde Estrada do Espigão, na Grande Porto Alegre, os 32 visitantes foram seguidos por 10 carros, cerca de 30 agressivas pessoas munidas com as clássicas armas de combate do torcedor da fase final da Segunda Divisão: os foguetes, caixas e caixas deles.

Sentindo o clima, pois o jogo se tornou de risco, mais uma vez, o Grêmio chamou outros 50 seguranças, além dos 80 habituais, para patrulhar os torcedores. No sábado, o Estádio Olímpico receberia o seu grande público de 2005, 50.960 pessoas, renda de exatos R$ 687.666,00.

Carlos Neves, dirigente do Santa Cruz, se queixou ao jornal *Zero Hora*, que publicou sua entrevista na edição de sábado:

– Eles nos seguiram por uns cinco minutos, atirando fogos de artifício contra o ônibus. Felizmente nem uma janela foi quebrada e ninguém ficou ferido. Mas ficamos assustados.

Quem buscava informação sobre os visitantes no Hotel Vila Ventura, antes do jogo, recebia de volta dos treinados funcionários outra pergunta:

– Santa Cruz? O que é Santa Cruz?

Capítulo XI

Sessenta mil torcedores gritavam assim, segundos depois que a bola começou a ganhar vida própria no Colosso do Arruda na tarde de sábado, no jogo com a Portuguesa de Desportos:

– Saantáaa, Saantáaa, Saantáaa...

Desde 2001, com o tombo do Sport, Pernambuco estava fora da elite do futebol brasileiro. Com exceção dos torcedores do Sport, as duas outras motivadas torcidas locais tinham absoluta certeza que seus times deixariam a Série B na tarde ensolarada do dia 26 de novembro, na última rodada do quadrangular final. Ambos atuavam em casa, protegidos por suas legiões de admiradores, e dependiam somente das próprias forças.

O Nordeste, porém, rezava aos seus santos protetores e pedia nas súplicas os dois juntos na Primeira Divisão em 2006.

O Santa Cruz ocupava a segundo colocação do quadrangular final com sete pontos ganhos. O Náutico somava seis e estava em terceiro, um ponto a mais que a Portuguesa, quarta e última na classificação. A posição mais confortável era a do Grêmio, líder invicto com nove pontos.

A matemática pernambucana era simples e direta: o Náutico precisava vencer de qualquer maneira e o Santa Cruz também, caso os dois clubes desejassem festejar juntos o retorno ao campeonato mais importante do Brasil. O Santa podia até pensar em empatar, caso o seu conterrâneo tropeçasse. O Nordeste, porém, rezava aos seus santos protetores e pedia nas súplicas os dois juntos na Primeira Divisão em 2006. O altar do Senhor dos Passos, nos Aflitos, como de costume, lembrava dia de romaria.

Duas vitórias, pensavam os pernambucanos, e não se fala mais em contas, ninguém precisaria acionar as máquinas de calcular. Confiante no potencial dos times da capital, mas sempre desconfiado com as tramas arquitetadas nos subterrâneos do futebol, o presidente da Assembléia Legislativa de Pernambuco, Romário Dias (PFL), uniu os políticos nordestinos numa campanha estadual assim batizada: "De olho na arbitragem".

A mídia pernambucana embarcou na campanha e convocou até os políticos do Estado mais afeitos à vida na Capital Federal. Eles passaram a comparecer aos jogos em Recife, viajar nos mesmos aviões dos dois clubes, dividir hotéis e concentrações e fazer pressão política junto aos cartolas cariocas que decidem na CBF.

O pefelista Dias queria anular qualquer mobilização extra dos times do Sul, evitar a clássica interferência na hora de escalar os árbitros, que são definidos no Rio de Janeiro, e ainda dizia em bom volume:

– Quem está contra Santa Cruz e Náutico está contra o Estado de Pernambuco.

A vontade natural de jogar na Série A em 2006 ganhava ainda outra motivação extraordinária, a que tocava na parte mais sensível do corpo dos protagonistas, o bolso. O Náutico prometia distribuir R$ 1 milhão entre seus jogadores em caso de vitória. Mais modesto, o Santa acenava com R$ 550 mil. Fora, claro, as contribuições espontâneas e de última hora de torcedores emocionados e abonados – mais as promessas da prefeitura municipal e do governo estadual de engordar o valor o bicho consideravelmente.

Criado nas categorias de base do Grêmio, Galatto não pensava em dinheiro no vestiário sufocante dos Aflitos, nos R$ 1,2 milhão que o clube liberaria em caso de um resultado positivo. Sua cabeça estava longe até mesmo de uma possível festa da vitória. Ele estava concentrado no jogo e no aquecimento que fazia ao lado de Marcelo Grohe, sob a orientação do preparador de goleiros Francisco Cersósio.

Num dos prédios, na altura do sétimo andar, enfileirada entre bandeiras do Náutico, tremulava uma larga bandeira vermelha do Internacional.

No seu primeiro ano como titular, Galatto era um dos três goleiros testados na temporada. Márcio e Eduardo foram embora e, à medida que o novo goleiro tentava se aprumar, o nome de Danrlei, o melhor do Grêmio em décadas, voltava às discussões. Galatto jamais imaginou ocupar o lugar de Danrlei. Queria, mais do que tudo, um posto no time e um começo marcante na sua carreira. Se o título viesse, com ele no gol, seria ótimo, um primeiro ano mais do que perfeito.

Sua estréia, elogiada por todos, aconteceu em Criciúma, no dia 15 de maio, numa vitória de 2 a 0. Minutos depois de pisar em campo, ainda suado com a sessão de aquecimento, Galatto notou o presidente do Grêmio, Paulo Odone, se aproximar, então ele lhe falou qualquer coisa e levou-o pela mão até o pedaço das arquibancadas onde se acomodavam os fiéis torcedores gremistas no Estádio Heriberto Hülse.

Na frente dos fãs, Odone ergueu os braços de Galatto, e o goleiro sentiu o carinho de volta e uma vibração tão boa que o deixou mais confiante ainda. Virou até uma tradição pré-jogo, o presidente, que voltava ao clube quinze anos depois de seu último mandato (1987 - 1990), abraçar o goleiro e desejar sorte.

– Nem ar tem neste vestiário – reclamava Gallato, retornando ao ambiente da decisão.

Aos poucos, o vestiário se tornou um espaço exclusivo dos jogadores, da comissão técnica, do médico, do massagista e dos auxiliares. O presidente Odone e um grupo de outros 12 dirigentes foram levados a uma tribuna, onde assistiriam à partida nas proximidades dos cerca de 200 torcedores gaúchos que assumiram uma parte diminuta das arquibancadas.

De lá de cima, eles puderam ler com clareza a faixa que um aceso colorado exibia entre os eufóricos torcedores do Náutico:

"Secando o Grêmio onde o Grêmio estiver".

Do alto das arquibancadas de cimento, um dos primeiros a ver e ironizar a frase foi Alfredo Oliveira, o Carioca, um dos homens de confiança de Odone.

– Nem no Nordeste eles (*colorados*) nos largam.

Os quase 20 mil pernambucanos sopravam apitos sem parar, produzindo um barulho que feria os ouvidos. Os alto-falantes despejavam frevos e marchinhas de Carnaval. No maior clima de oba-oba, um boneco de Olinda fazia a volta olímpica na pista e recebia uma ovação digna de gol. Nas sacadas dos edifícios próximos, que se erguiam muito acima do muro que protegia o Estádio dos Aflitos, a visão do gramado era privilegiada. Os lugares que, além dos seus donos, recebiam parentes, amigos e conhecidos, funcionavam como camarote VIP. Num dos prédios, na altura do sétimo andar, enfileirada entre bandeiras do Náutico, tremulava uma larga bandeira vermelha do Internacional. Os torcedores comemoravam do alto, cantavam e gritavam, agitando a bandeira numa das mãos, mostrando o copo de cerveja gelada na outra. Nada a ver com o empurra-empurra das arquibancadas, com o suor do vizinho sem camisa, com o senta-levanta da geral.

Odone sacudiu a cabeça e não falou nada. Ele sabia que não havia um plano B em 2005. Era ganhar ou ganhar.

Dentro e fora do estádio, o palco parecia armado para uma festa inesquecível. Mesmo o turista estrangeiro recém-chegado sentia um gostinho de Carnaval. Um final de novembro com perfume de fevereiro. Um clima de já ganhou vinha direto, sem escalas, das arquibancadas.

E o coro era um só:

– É Pernambuco na Primeira Divisão. É Pernambuco.

Experiente em decisões, porém sempre com um pé atrás quando a torcida promove comemorações antecipadas, Carioca sorriu e falou ao presidente Odone, acomodado ao seu lado:

– Vamos fazer um crime aqui em Recife.

Odone sacudiu a cabeça e não falou nada. Ele sabia que não havia um plano B em 2005. Era ganhar ou ganhar. Se perdesse, voltaria a Porto Alegre, reuniria o Conselho do Grêmio e pediria socorro. Ele recebera o time com oito jogadores em janeiro, três deles goleiros. Poucos lembravam, mas

Odone não esquecia. Se perdesse, apesar da sua inteira confiança num grupo que tinha sido forjado para lutar até os descontos do segundo tempo, já decidira. Iria se apresentar ao Conselho Deliberativo do clube, pediria uma ajuda ainda maior e confessaria:

– Não sei como subir.

Bem próximos, os 200 torcedores gremistas das arquibancadas tentavam responder às provocações. Puxavam seus hinos e seus gritos:

– Olêêê, Grêeemiôôô, olêêê Grêeemiôôô...

Dos dois lados, cercando os visitantes, os locais puxavam a maior vaia e praticamente sufocavam os gritos dos adversários. O barulho dos pequenos apitos doía nos ouvidos.

Capítulo XII

Nas proximidades do liliputiano vestiário, depois do corredor que levava ao campo de jogo, onde a alta temperatura torturava, os jogadores, só eles, fizeram uma roda, depois que a entrada foi liberada. Abraçados, rezaram em voz alta com fé e esperança um pai-nosso e uma ave-maria. Então, gritaram três vezes:

– Grêmio, Grêmio, Grêmio,

Subiram as escadas e começaram a encarar o desafio e o mar vermelho. A batalha dos Aflitos não podia mais esperar.

Ao pisar o gramado judiado, oito minutos depois do horário previsto para começar a decisão, os jogadores do Grêmio viram que o estádio era vermelho e estava completamente lotado. Apenas atrás do goleiro, à direita de quem assistia pela tevê, campo de ataque gaúcho no primeiro tempo, na linha da bandeira de escanteio, se espremiam os torcedores tricolores com suas bandeiras, faixas e cartazes.

Um deles, grosseiramente desenhado, pedia, exigia: "*Série A*".

O que dominava as arquibancadas dos Aflitos, a parte mais acesa do estádio, era uma gigantesca bandeira vermelha onde se lia "Fanáutico". Do outro lado, colados à tela, dois torcedores do Internacional, enrolados em suas cores, entravam no clima e fustigavam os conterrâneos.

Uma faixa estendida confirmava a presença dos históricos rivais do extremo Sul do país:

Em pé, esquerda para a direita: Marcelo Oliveira, Anderson, Galatto, Pereira, Domingos, Lucas, Sandro, Escalona, Marcelo Grohe.

Agachados, esquerda para a direita: Paulo Ramos, Alessandro, Marco Aurélio, Lipatin, Marcelo Costa, Patrício, Nunes, Ricardinho e Marcel.

"Secando o Grêmio onde o Grêmio estiver".

Parodiava a cultuada frase do hino do adversário, composta por Lupicínio Rodrigues, que dizia:

"Com o Grêmio onde o Grêmio estiver".

Na primeira entrevista, já no gramado, o gremista Marcel reclamava:

– Não nos deixaram aquecer em campo. Colocaram quatro policiais na porta do vestiário. O clima é de guerra.

Do outro lado, todo de branco, detalhes vermelhos nas meias, Bruno Carvalho exibia todo o nervosismo do dono da casa:

– Não teve como dormir direito. Sonhei com o jogo a noite inteira.

No centro de campo, o árbitro Djalma Beltrami, um tenente-coronel da PM do Rio, não parava de se agitar. O atraso da partida o deixava angustiado. O excesso de gente no campo de jogo o irritava. O nome Djalma foi imposição do pai, outro apaixonado por futebol que resolveu dar ao filho o mesmo nome do fulgurante ex-lateral direito da Seleção Brasileira, Djalma Santos. O seu primogênito, Djalma batizou de Raí.

E, logo aos 20 segundos, Patrício fazia a sua primeira falta. E nos próximos 40 segundos duas bolas circularam perigosamente o espaço aéreo de Galatto.

Ao lado do árbitro, 16 anos de experiência, os fotógrafos, sem nenhuma preocupação com o horário ou organização, chamavam os jogadores para as fotos. Com o braço direito erguido, Patrício pedia um tempo. Não queria só os 11 titulares agachados na foto. Exigia o grupo inteiro posando no último e definitivo retrato da Segunda Divisão. O pôster de campeão que eles tanto sonhavam.

O enérgico Beltrami, dirigindo o seu quarto jogo do Grêmio na temporada, com os cronômetros na mão, ainda respeitou um minuto de silêncio em nome de um torcedor nordestino. Ronaldo Calado, 27 anos, morrera enfartado no primeiro gol do Náutico na vitória de 2 a 0 sobre a Portuguesa, no Estádio do Canindé, em São Paulo, uma semana antes.

O primeiro toque na bola depois do apito do juiz foi do Grêmio, que saiu jogando, mas para trás, um mau sinal para os supersticiosos. O jogo começou 15 minutos após as 16h, e logo aos 20 segundos Patrício fazia a sua primeira falta. E nos próximos 40 segundos duas bolas circularam perigosamente o espaço aéreo de Galatto.

Aos três minutos, o goleiro precisou agir. Tirou a bola com um soco da sua grande área. Acertou em cheio. A esfera de ar voou para longe do seu território.

Aos cinco minutos, depois de um choque com Pereira, o goleiro caiu. Raros viram o lance, mesmo os da tevê. Beltrami imaginou que fosse fita. Os adversários protestaram, cada um segundo para eles valia três, pois o empate era gremista. O jogo parou 90 segundos.

Com 26 minutos, o jogo estava na mão dos tricolores, o oponente, controlado, apenas ciscando na intermediária.

Galatto havia sofrido um tostão, uma forte pancada na perna direita. Perdera parte da mobilidade e da força na perna e mancava. Pensou até em pedir substituição na hora, tamanha a dor. Decidiu esperar mais um pouco, com o apoio da sua zaga.

Com dez minutos e o jogo sob o controle do Grêmio, Marcelo fez uma falta dura. O juiz mandou o jogo seguir. A torcida não se conformou, queria um cartão amarelo e esbravejou:

– Edílson, Edílson, Edílson.

O primeiro nome do juiz paulista Edílson Pereira de Carvalho, que "acertava resultados" no Campeonato Nacional da Série A, se transformou na ofensa padrão do futebol brasileiro. Cada vez que um árbitro erra ou a torcida imagina que ele erra, surge o nome de Edílson para mostrar o desagrado da maioria e a certeza de que o juiz está na gaveta. Só pra dizer que todo o árbitro é um Edílson, o que é uma exagero e a mais pura inverdade.

Aos 13 minutos, aí, sim, Beltrami levou a mão ao bolso

da camisa amarela e levantou um cartão da mesma cor. O alvo era Escalona. A torcida do Náutico protestou, queria mais rigor. Mas, estranhamente, o pequeno contingente gremista nas arquibancadas levantou junto. Os dirigentes gremistas, instalados na tribuna, também festejaram. Pularam e se abraçaram. A Portuguesa marcava o seu primeiro gol, através de Cleber, três quilômetros adiante, no Estádio do Arruda. O cartão amarelo do chileno passa batido e somente no segundo tempo a punição seria realmente avaliada e profundamente lamentada.

O pênalti até pode ser discutido, mas Beltrami, em cima do lance, confirmou.

Com o resultado parcial 0 a 0 nos Aflitos e Santa 0 a 1 Lusa, no Arruda, o Grêmio podia até mesmo perder que estaria de volta ao convívio dos melhores do Brasil em 2006. E como campeão da Série B, com os paulistas em segundo. Santa Cruz e Náutico morreriam na praia, na beira da praia real e lotada de banhistas de final de semana.

Com 26 minutos, mais da metade do primeiro tempo, o jogo estava na mão dos tricolores, o oponente controlado, apenas ciscando na intermediária. Marcel havia criado a melhor situação de gol, chutando forte, porém muito alto e desviado, longe do goleiro Rodolpho. O Grêmio somou quatro escanteios a seu favor. Num deles, por pouco, muito pouco mesmo, o zagueiro canhoto Batata não marcou contra.

Capítulo XIII

O encontro entre Náutico e Grêmio de 26/11/2005 era o décimo primeiro da centenária vida dos clubes de dois lados do país. O placar estava assim: três vitórias gremistas contra duas derrotas e cinco empates. O sexto empate não era um resultado fora de questão. O Grêmio ficaria feliz com um 0 a 0, 1 a 1 ou 5 a 5.

Só que o 0 a 0 lembrou uma miragem no sol de Pernambuco, quando Djalma Beltrami correu para a marca do pênalti, aos 31 minutos. O afoito Domingos empurrou o atacante Paulo Matos no lado direito da sua área, entre a risca da grande área e a da pequena. Pênalti que até pode ser discutido, mas Beltrami, em cima do lance, confirmou.

A torcida enlouqueceu, levantou inteira e gritou duas vezes mais. Pela proximidade do primeiro gol, pênalti sempre é meio gol, e ainda pela proeza do atacante Reinaldo que, no mesmo momento, deixava iguais, em 1 a 1, Santa Cruz e Portuguesa. O gol do empate no Arruda acelerou as comemorações nos Aflitos. Se o Náutico marcasse e o Santa garantisse o empate, Pernambuco recuperaria seu posto na Primeira Divisão em dose dupla.

Assim que Beltrami definiu a penalidade máxima, segundos depois, seis gremistas cercaram o árbitro com toda a energia disponível. Patrício foi o mais espalhafatoso. Se jogou no chão, tentando imitar a queda de Paulo Matos. O juiz não gostou, mas os cartões ficaram no bolso por enquanto.

Ele gostou menos ainda da pressão:

– Não foi. O cara caiu. Você não pode marcar – reclamava Pereira.

– Você vai ficar marcado no futebol por ter dado pênalti que não houve em dia de decisão – gritava Sandro.

– Eu não fiz nada, eu não fiz nada – desculpava-se Domingos.

– Não é justo, não é justo. Você está colocando fora todo um ano inteiro de trabalho – atacava Marcelo Costa.

Beltrami estava impassível. Só olhava, sério. Não falava nada, não respondia, não queria papo com ninguém. Seus dois únicos gestos, depois das reclamações em série, foram puxar dois cartões amarelos, para acalmar a situação e garantir que o jogo seguisse seu rumo normal. Um foi endereçado a Domingos. O outro atingiu Pereira. Amarelar dois zagueiros ainda no primeiro tempo não é um bom sinal para defesa alguma, que fica extremamente fragilizada. Normalmente, depois de duas ou três faltas mais duras, o cartão vermelho chega naturalmente, e o time fica quebrado, torto, sem um dos zagueiros. Aí os técnicos se repetem. Retiram um atacante para tentar consertar o sistema defensivo.

Em volta da grama malcuidada, depois da pista atlética, atrás do alambrado, o frevo corria solto, os apitos soavam e a torcida aguardava o gol, certa de que o confiante Bruno Carvalho, bola embaixo do braço, aparentando calma, marcaria o seu. O lateral esquerdo gremista se aproximou de mansinho, tentando usar a catimba. Escalona ficou falando calmamente no ouvido de Bruno, enquanto ele arrumava cuidadosamente a bola na marca da cal. Repetia, insistia:

– Não fica nervoso, Bruno, nem precisa...

E seguia adiante. Bruno não dava um pio.

– O estádio inteiro está olhando, Bruno. O Estado inteiro, imagina só. O Brasil todo vai ver. Não precisa ficar nervoso. É claro que você vai errar...

Bruno se arrumava para a cobrança, enquadrava o corpo e a torcida gremista permanecia muda, em puro estado de choque. Galatto não disse uma só palavra, apenas se esticava todo, querendo se duplicar na linha da goleira. Seu olhar fixo estava no cobrador.

O erro de Bruno Carvalho não afundou nem desnorteou o Náutico. Não seria o primeiro, nem a mais grave falha daquele dia sem limites.

O presidente Odone chamava o goleiro de *Ice Man*, homem de gelo, e espalhou o apelido:

– Ele é frio. Nunca exibe sentimento algum nas horas decisivas.

O goleiro de 1,92m de altura foi nela, voou, os braços estendidos ao máximo, mas chegou uma fração de segundos depois. Sorte dele que a bola bateu violentamente no poste direito, correu no meio da grande área e saiu pelo lado esquerdo da goleira, rumo à lateral. Galatto não comemorou. O *Ice Man* não moveu uma sobrancelha. Em segundos já estava em pé outra vez, no centro do gol.

O barulho da diminuta torcida gremista, do lado oposto da goleira do pênalti, pela primeira vez naquela tarde, superou o alarido de 20 mil pessoas. O grito era um só e o herói do momento tinha nome.

– Galatto, Galatto, Galatto...

O erro de Bruno Carvalho não afundou nem desnorteou o Náutico, que continuou pressionando. Não seria o primeiro, nem a mais grave falha daquele dia sem limites. Aos 34 minutos, Galatto fez uma de suas melhores defesas, num chute forte de Paulo Matos. E foi nesse ataque, quase mortal, que a torcida do Náutico ouviu na voz amplificada de centenas e centenas de rádios a pilha espalhados entre os torcedores o segundo gol do Santa Cruz, virando o placar.

A comemoração foi modesta. O nervosismo não permitia aplausos calorosos nem retirar a concentração do jogo que se apresentava mais difícil que o esperado. Com 2 a 1 no Arruda, o Santa estava sendo promovido. O Náutico precisava desesperadamente do gol e da vitória. Ou três pontos hoje, agora, já, ou mais um ano de sofrimento nos pântanos da segundona.

O primeiro tempo foi até os distantes 48 minutos. Galatto fez outra defesa arrojada, corajosa, ao atirar-se nos pés de Danilo, no interior da grande área. Evitou outra vez o gol, o primeiro, algo que daria novo fôlego e tranqüilidade ao Náutico nos próximos 45 minutos.

O 0 a 0 do primeiro tempo beirava a perfeição. Não no futebol exibido, apenas no resultado. O empate ajudava o Grêmio a respirar, a acreditar na segunda fase, mas os gremistas cardíacos já tinham sido aconselhados, desde o pênalti mal executado, a deixar a sala, sair da frente dos televisores e buscar uma realidade mais sadia naquele sábado, o inesquecível 26/11/2005.

Capítulo XIV

Uma das primeiras (e más) notícias que rodou o minivestiário, assim que os jogadores gremistas botaram suas chuteiras outra vez no concreto, foi a confirmação da virada do Santa Cruz no quase vizinho Estádio do Arruda. Eles ouviram os gritos, imaginaram os gols, mas precisavam de maiores detalhes. Reinaldo havia marcado duas vezes, aos 29 e aos 41 minutos, depois que a Portuguesa saiu na frente, aos 19 minutos. O mesmo Reinaldo viria para o Olímpico no primeiro semestre de 2006, mas não duraria mais de seis meses, sendo dispensado por absoluta falta de gols.

Os jogadores faziam as contas, atirados no vestiário, sendo abanados pelos caridosos colegas, usando toalhas de rosto secas, ainda não usadas. Sempre sorvendo pequenos goles de água gelada das garrafinhas de mineral. Naquele momento, o Santa Cruz subia para dez pontos e assegurava seu perfeito lugar entre os grandes. Dos três resultados possíveis, o Grêmio ainda tinha dois ao seu lado nos próximos 45 minutos: o empate e a vitória. A derrota o condenava, certo, sem perdão, a no mínimo outros 12 intermináveis meses entre os rebaixados.

O problema mais grave do momento não estava lá fora, nem na matemática dos resultados, mas no interior do sufocante vestiário. Uma barulhenta campainha começou a zoar no vestiário assim que os jogadores voltaram. Uma buzina, semelhante às que anunciam os intervalos nas escolas de segundo grau e avisam que as aulas estão iniciando ou acabando, soava sem respiros.

O barulho não cessava um segundo sequer. Agoniava e dava nos nervos. Feria:

Trrrrrrrrrrrrriiiiiimmm, trrrrrriiiiiiiiiiiiiiimmmm.

Mano Menezes berrava suas instruções de meio de jogo, mas ninguém ouvia. Era preciso gritar no ouvido de cada um. Ninguém conseguia se concentrar nas recomendações do agitado treinador. Os jogadores fugiram das explicações dos planos táticos e passaram a jogar bolas contra a campainha, grudada na parte mais alta e quase inacessível do teto do vestiário.

A bola batia e voltava. Batia e voltava e nada do som cessar. Cada vez mais irritados, eles miravam toalhas molhadas, chuteiras, tênis, garrafas de água. Os objetos se chocavam na parede e voltavam. O maldito barulho só aumentava, ganhava eco e incomodava. A campainha estava definitivamente incontrolável.

Antes de tentar destruir a campainha com o pé-de-cabra, guardado no baú do roupeiro, o fisioterapeuta Henrique Valente, 1,89m de altura, notou a quase invisível fiação que ligava o aparelho à luz elétrica. Os fios grudados na parede eram quase imperceptíveis. Viu, teve uma idéia e chamou Domingos, mais alto alguns centímetros do que ele.

Valente tirou os tênis, pulou nas costas do zagueiro, reforçadas por horas diárias de musculação, ficou na ponta dos pés e conseguiu tocar nos fios. Agarrou o feixe com uma das mãos, com as duas ele não alcançava, e liberou os seus 84 quilos no vazio de aproximadamente 3,5 metros de altura. O berro cessou na hora, depois da queda do fisioterapeuta. Sem luz, com os cabos de força destroçados, a buzina emudeceu. Ficou apenas um cheiro de fio queimado no espaço sem ventilação. Valente ganhou aplausos. Durante 30 segundos o jogo foi esquecido e uma leve brisa de contentamento e alívio soprou no tenso vestiário.

Num canto, deitado, alheio ao entorno, Galatto urrava de dor. Ele tinha quase certeza de que não poderia voltar. Num choque com Pereira, logo no começo, havia levado um violento tostão na coxa direita. A batida fora forte mesmo. Galatto exibia uma angústia que espantava os colegas. Queria sair do jogo, mas não podia. Não naquela hora decisiva.

Ricardinho, com uma lesão muscular mais grave, sabia que não tinha volta. Ele havia perdido qualquer condição de dar um pique mais forte.

Ao seu lado, abanando o amigo com uma toalha de rosto azul, tentando afastar o calor, o reserva e colega de quarto nas concentrações, Marcelo Grohe, dizia, repetia, sempre olhando firme nos olhos do goleiro número 1:

– Vamos, Gallato, vai dar. Vamos, força, meu.

O capitão Sandro, que não conseguia ficar sentado, nem quieto, reforçava o pedido:

– Galatto, você não vai nos deixar numa hora dessas. Não vai mesmo.

Marcelo Costa chegava junto:

– Você pode, você pode.

O fisioterapeura Valente, já refeito da queda depois de ter arrancado os fios da sirene, tentava recuperar o goleiro com massagens na perna do músculo dolorido. Ajudava nos alongamentos, sempre com um cuidado extremo.

Ricardinho, com uma lesão muscular mais grave, sabia que não tinha volta. Avisou Mano, que conversou com os médicos. Ele havia perdido qualquer condição de dar um pique mais forte.

Bem perto do técnico, Lucas foi avisado que iria substituir o goleador. Não escondeu o sorriso. Tentou, mas não conseguiu:

– Vamos, aquece, guri. É a tua vez – mandou Mano.

Lucas ficou sabendo que iria entrar. Com apenas 18 anos, desde os 16 no clube, o volante de longos cabelos loiros tinha vindo do Mato Grosso do Sul como promessa e desde então passou a freqüentar a lista das seleções de base formadas na CBF. Era uma das promessas do clube.

Profissional desde julho de 2005, Lucas sabia que não tremeria. Estava pronto e tinha viajado na expectativa de jogar pelo menos alguns minutos. Ele aparentava ansiedade, nada da tensão que, às vezes, ataca os mais jovens. E quando entrou na equipe, fez bem ao meio-campo, como no segundo tempo do jogo com o Santa Cruz, uma semana antes no Olímpico, na vitória de 2 a 0.

Quando viu Lucas aquecendo e Ricardinho, o goleador da equipe com seis gols (um a menos que Samuel e Anderson), desabado num canto, Pereira encarou o companheiro de zaga Domingos e disse:

– Caramba, perdemos o Ricardinho. Sem o nosso homem-gol vai ser mais complicado ainda. Te prepara, meu.

– É com a gente, então. Você está preparado?

Pereira fez apenas um gesto afirmativo com a cabeça, sem se levantar do lugar onde descansava, esperando o reinício da partida.

No conforto do ônibus, no trajeto entre o hotel e o estádio, horas atrás, Lucas se aboletou perto de Nunes, Paulo

Ramos e Pedro Jr. Conversaram um pouco, em voz baixa. Os quatro tinham participado de uma decisão no começo do ano na Taça São Paulo de Juniores, em São Paulo. Nunes e Lucas perderam. Pedro e Paulo ganharam, vestindo a camisa vermelha do Vila Nova.

Pouco tempo depois, o Grêmio foi a Goiás negociar os dois garotos que desmancharam a forte defesa dos juniores. Apoiado por quatro empresários gaúchos, o presidente Paulo Odone Ribeiro pagou mais de R$ 3 milhões pela dupla, depois de disputá-los com grandes clubes brasileiros e ainda gente de dinheiro disposta a colocar Pedro e Paulo na Espanha ou em Portugal:

– Não tem como perder outra decisão. Não vou perder. Não vai acontecer de novo, não comigo – garantia Lucas a Nunes, outra prata da casa, que saiu jogando desde o início no lugar de Jeovânio, titular da primeira função do meio-campo, que estava fora por lesão.

Capítulo XV

Com o time alterado, um volante (Lucas) no posto do goleador (Ricardinho), que saiu machucado, sem condições de dar sequer um pique de dez metros, Mano Menezes projetava um esquema ainda mais fechado, povoado no meio. Uma linha robusta de quatro defensores atrás e outra de cinco "móveis" homens de meio-campo um pouco mais à frente da zaga. Dez jogadores defendendo, com ordens para sair só na bola boa, no contra-ataque, depois de garantir a defesa atrás.

No ataque, Mano confiava num esforçado centroavante estrangeiro capaz, imaginava o técnico, de garantir a vitória, quem sabe, numa bola espirrada da defesa adversária. Ou ainda marcar um gol de cabeça sem querer, como o primeiro contra o Santa Cruz, aos 10 minutos do segundo tempo. Lipatin chegava a sonhar com os gols, como confessou ao repórter Luís Henrique Benfica, do jornal *Zero Hora* e da Rádio Gaúcha:

– Sonho mesmo. Penso, visualizo, imagino a jogada e me vejo correndo para a torcida.

O Grêmio precisava segurar o empate, o 0 a 0 soava perfeito, já que a três mil metros do Estádio dos Aflitos o Santa Cruz estava vencendo bem (2 a 1) a Portuguesa e garantindo assim uma das duas vagas em disputa. Só uma derrota nos próximos 45 minutos afastaria o Grêmio da Série A no ano seguinte. Lugar de onde saíra, um ano antes, numa desastrosa campanha que ninguém gosta de recordar.

A torcida do Náutico permanecia atenta, viva, alegre e confiante, já recuperada do quase nocaute do pênalti perdido no chute enviesado do lateral direito Bruno Carvalho. Soprando seus apitos e agitando as bandeiras, sequer imaginava uma derrota. Até soletrava e cantava:

– Ene, a, u, tê, i, c, ô... Nauticô.

A pequena torcida gremista, espremida no canto da goleira que seria de Galatto nos últimos 45 minutos, permanecia firme, cantando e pulando. Viu os atletas que começaram o jogo retornando ao campo, menos o goleador Ricardinho, machucado. Sentiu a opção mais defensiva, mas gostava de Lucas e confiava nele, e ainda tinha Anderson, a grande esperança, no banco.

Kuki, o mesmo que havia marcado dois gols no Olímpico, no 2 a 2 da fase inicial, perdeu um gol de cabeça na frente de Galatto, que segurou firme.

Sabia também (e isto doía de alguma forma) que dos quatro homens de defesa, três, Domingos, Pereira e Escalona, já constavam da lista dos amarelados por Beltrami. E ficou sabendo logo aos dois minutos que o segundo tempo não seria, com certeza, um jogo para cardíacos. Estavam certos os que ajuizadamente abandonaram as salas de tevê e foram fazer outra coisa qualquer no distante Rio Grande do Sul.

O capitão Sandro Goiano conversou com o árbitro um pouco antes de reiniciar a partida. Argumentou que o pênalti de Domingos não existira. Mas o juiz não abriu espaço para muita conversa. Disse, segundo Sandro, que seus familiares estavam assistindo à partida no Rio pela tevê e, no intervalo, por telefone, foram unânimes em afirmar que o pênalti tinha sido muito bem marcado. E ainda pediu:

– Deixem-me apitar em paz. Eu sei o que estou fazendo. Vocês jogam, eu apito.

Kuki, o mesmo que havia marcado dois gols no Olímpico, no 2 a 2 da fase inicial, dia 28 de junho, perdeu um gol de cabeça na frente de Galatto, que segurou firme. Com 1,68m de altura, Kuki, um dos maiores goleadores da história do Náutico, com mais de 200 gols marcados, falhou ao usar a cabeça logo no comecinho da etapa decisiva.

O Grêmio respondeu em seguida e coincidentemente de cabeça. Marcelo Costa aparou o cruzamento de Marcel, do lado esquerdo, mas tocou fraco na bola, que Rodolpho segurou com as duas mãos e total facilidade. Marcelo Costa perdeu um gol feito. Era ele e o goleiro.

Capítulo XVI

Quase ao mesmo tempo que Bruno Carvalho, um dos vilões da decisão, saía vaiado, Anderson ocupava o posto de Marcel aos 16 minutos do segundo tempo. Criado nas escolinhas do clube, ainda com 17 anos, Anderson já estava vendido ao Porto, de Portugal, e fazia sua última partida com a camisa do Grêmio, mesmo com uma lesão no tornozelo.

No dia 19 de novembro, uma semana antes, o garoto-prodígio foi o pivô de uma crise no Estádio Olímpico, abafada apenas pela vitória sobre o Santa Cruz, gols de Lipatin e Marcel, ambos de cabeça no segundo tempo. Ele não jogava em Porto Alegre desde o dia 26 de agosto passado, num desgastante 0 a 0 com o Vila Nova. Entre o final de agosto e parte de novembro, Anderson serviu a seleção brasileira sub-17. Jogou bem, foi vice-campeão e eleito o melhor jogador do torneio. Mas voltou com um entorse sério no tornozelo direito.

O país inteiro (e os europeus também) sabiam que Anderson era capaz de decidir uma partida com uma só jogada.

O plano mirabolante saiu da cabeça de Mano Menezes. O técnico tirou Anderson do banco de reservas. Deixou o menino assistindo ao penúltimo jogo do quadrangular decisivo, com o Santa, escondido na sala onde os jogadores dão entrevistas após as partidas e treinos. Mano queria surpreender o adversário, ter ao alcance da mão uma arma definitiva. Deu tudo errado.

Os repórteres anunciaram que Anderson estava fora do jogo, depois que a escalação do Grêmio foi divulgada. Seu lugar no banco era de Luiz Fernando, camisa 16.

Os 55 mil espectadores do estádio não acreditaram. O único craque daquele grupo, capaz de desequilibrar qualquer jogo, não aparecia entre os titulares, nem mesmo entre os reservas.

Todos os tipos de especulações surgiram depois da impactante notícia. Do agravamento da lesão à briga com Mano. Garantiram até que o jogador já estava com a cabeça na Europa, sem motivação para continuar atuando na Série B. Tudo bobagem, apenas informações apressadas e desencontradas que ajudam a tornar as partidas decisivas mais discutidas ainda.

Mano Menezes imaginava outra coisa completamente diferente. Se o jogo estivesse difícil, complicado, a presença inesperada do craque na pista atlética do estádio, no começo ou na metade do segundo tempo, incendiaria a torcida e espantaria o técnico do Santa Cruz e seus comandados. Anderson seria o fato novo, a surpresa, a arma secreta.

O país inteiro (e os europeus também) sabia que Anderson era capaz de decidir uma partida com uma só jogada. Mano também e se defendia dos críticos, usando a atual forma do jogador como escudo e anunciava nas entrevistas:

– Ele está com apenas 60% da sua capacidade física. Seria difícil segurar 90 minutos. Não tem condições para tanto.

Como a vitória veio ao natural, aos 25 minutos do segundo tempo já estava 2 a 0, Anderson foi chamado muito tarde na sala que lembra um pequeno auditório de colégio, com mesa e cadeiras, localizado sob as sociais do estádio.

Subiu as escadas, trocou de fardamento e pisou o gramado de primeiro mundo do Olímpico aos 46 minutos e 16 segundos. Ficou 101 segundos em campo. Jamais tocou na bola. Anderson ficou indignado, a torcida ficou transtornada. Anderson ainda mais, porque no seu último jogo com a camisa tricolor não conseguira se despedir dignamente no estádio onde tinha sido criado. Não pôde exibir uma só jogada de craque, que ele é.

Mano ficou chateado também, mais ainda por saber que a falha levou a sua assinatura:

– A execução da estratégia foi ruim. Mais tarde, eu mesmo fiz questão de tentar reparar o erro. Pedi desculpas ao Anderson pelo episódio na frente de todos os seus colegas. Eu queria oferecer a ele uma despedida do tamanho do seu futebol, mas não foi possível.

Anderson aceitou as palavras do chefe e ainda encontrou motivação para garantir e, de certo modo, antever o futuro:

– O senhor pode ficar tranqüilo que eu vou fazer o gol do título.

O primeiro chute de pé esquerdo de Anderson ao gol veio 12 minutos depois da sua entrada em Recife. Não era um chute dos sonhos, mas Anderson já começava a mostrar que podia mais que os outros. Ele era superior aos demais. Fazia só com o pé esquerdo o que todos os outros não conseguiam nem com os dois, somados.

Na realidade dos Aflitos, Kuki, sempre ele, perdera outro gol no meio da grande área, ao errar o arco de Galatto. O atacante teve tempo de ajeitar o corpo, trocar de pé, usar o seu direito preferencial e chutar forte e alto.

– Foi uma chance viva de gol. Imperdível – berraram os narradores.

Os minutos passavam, o tempo se esgotava e a torcida do Náutico ficava cada vez mais nervosa, atucanada. A intranqüilidade passava imediatamente para os jogadores que, sentindo o desespero dos fãs, não conseguiam mais acertar passes, tabelar, concatenar as jogadas ou criar uma seqüência de situações de gol. Se alguém fosse apostar num resultado, a partir da metade do segundo tempo, arriscaria o empate.

Capítulo XVII

Chileno de Santiago, Escalona é um profissional de muitas camisas. Passou por Colo Colo (Chile), Torino (Itália), Benfica (Portugal) e River Plate (Argentina). Foi em Buenos Aires, em 2001, que ele teve o seu primeiro contato direto com o Grêmio. Atuava no River quando o Grêmio fez 4 a 2, no Estádio Monumental de Nuñes, em Buenos Aires, pela extinta Copa Comebol. Ele viu e nunca mais esqueceu a façanha.

O cartão vermelho no ar Escalona notou quase imediatamente. Mas a ficha só foi cair instantes depois.

Tanto que, ao chegar ao Sul, guiado pelas mãos do técnico uruguaio Hugo de León, o primeiro treinador da temporada 2005, sempre lembrava da partida nas suas primeiras conversas, tentando fazer ambiente:

– Foi um chocolate. Os jogadores do River não conseguiam entender. Ficaram impressionados.

Chocolate, na gíria nacional dos boleiros, que o chileno aprendeu logo, é quando um time dá um banho de bola no outro. No Nordeste, Escalona não esperava goleada. Imaginava enfrentar apenas o jogo mais difícil da sua vida.

Foi justamente o que aconteceu, especialmente aos 30 minutos do segundo tempo, quando o lateral levou o seu segundo cartão amarelo por colocar a mão na bola e evitar assim um contra-ataque pelo lado esquerdo da sua defesa. Ele ainda tentou argumentar, mostrou a perna ao bandeirinha Hilton Moutinho Rodrigues, sugerindo que a bola havia batido na sua coxa esquerda:

– Foi uma mão instintiva. A bola deu na minha mão, a bola deu na minha mão...

A inesperada e ridícula expulsão do lateral chileno Escalona escancarou as portas da loucura no Estádio dos Aflitos.

Beltrami, sério, não falava nada. Nem olhava na cara do lateral. O cartão vermelho no ar Escalona notou quase imediatamente. Mas a ficha só foi cair instantes depois.

De nada adiantou a pressão de Pereira, Lucas, Sandro e Anderson. Eles cercaram Djalma Beltrami, andaram ao lado dele, conversaram, argumentaram, pediram, imploraram, mas não levaram vantagem. O juiz não queria conversa. Uma vez exibido, o cartão não tem volta. Vale o que subiu. Ele queria reiniciar o jogo o mais rápido possível.

O chileno saiu rapidamente. Não olhou para os lados, nem para cima, onde a torcida urrava de contentamento, ao mesmo tempo em que os mais próximos diziam todos os palavrões conhecidos. Ele buscou o vestiário, desceu as escadas, caminhou alguns metros, encontrou um banco, escondeu o rosto entre as mãos e chorou como nunca havia chorado antes.

Só diminuiu o espanto do roupeiro Severino depois de tentar explicar, gaguejando, o motivo de todo o seu desespero:

– Fui ex-pul-so.

Capítulo XVIII

A inesperada e ridícula expulsão do lateral chileno Escalona escancarou as portas da loucura no Estádio dos Aflitos. A torcida local passou a incentivar ainda mais o time, certa de que a vitória estava a caminho. Ainda faltavam 15 minutos para o final, fora os descontos. Havia tempo de sobra para marcar um gol.

Dois minutos e 28 segundos depois do primeiro cartão vermelho da decisão, o pequeno e atarracado Kuki cruzou da direita do seu ataque, bem na frente da torcida tricolor. A bola parecia perdida, perto da linha de fundo. O cruzamento de Kuki atravessou a área pelo alto, fez uma pequena curva e Galatto saiu mal. A bola encontrou Miltinho livre no lado oposto. Ao evitar Galatto, o baixinho sofreu o impacto do braço esquerdo do goleiro grandalhão.

– Pênalti – gritou o estádio inteiro.

O carioca Beltrami, mesmo perto do lance, não viu assim. Pelo contrário, correu acelerado até onde Miltinho estava, caído, esperando a decisão da autoridade de campo, sempre incontestável. Sacou o cartão amarelo e quase o esfregou na cara do espantado Miltinho, que não estava se fazendo, tinha sido derrubado de verdade. Galatto levantou os braços, disfarçou e deixou o juiz agir à vontade. Beltrami conhecia Miltinho de outros jogos e sabia da sua fama de cai-cai. Jamais pensou em marcar a falta.

O Grêmio, que escapara de um pênalti mal cobrado

aos 31 do primeiro tempo, dando um susto de eriçar todos os cabelos do corpo dos seus seguidores, fugia de outro, aos 32 minutos do segundo tempo, desta vez na falha do árbitro carioca. Mas, por outro lado, estava com dez jogadores e ainda restavam, no mínimo, mais 13 minutos do jogo, que prometia emoção a cada segundo de disputa. A sorte jogava junto com os gaúchos desde o começo, mas não poderia durar para sempre – e a eternidade podia ser medida em pouco mais de 15 minutos de futebol.

O pênalti que precipitou tudo, que alucinou os gremistas, foi apitado aos 34 minutos e 54 segundos do segundo tempo.

O pior, ninguém conseguia adivinhar, ainda estava por nascer. A próxima meia hora seria uma das mais eletrizantes e espetaculares do futebol brasileiro de todos os tempos. Trinta minutos que marcariam para sempre duas torcidas e, por tabela, outros admiradores do futebol. O técnico do Náutico, Roberto Cavalo, já ostentava em campo quatro atacantes na desesperada busca do gol da classificação. Como o empate, desta vez, significava derrota, ao contrário do Grêmio, Cavalo estava atacando com todas as suas forças, mesmo as reservas.

O pênalti que precipitou tudo, que alucinou os gremistas, foi apitado aos 34 minutos e 54 segundos do segundo tempo. Depois de um chute mais pelo lado esquerdo de ataque, a bola bateu no braço do volante Nunes, quase no risco da grande área. Nunes não tentou desviar o chute nem mudar a trajetória da bola. Apenas virou o corpo e protegeu o estômago instintivamente.

Beltrami, que estava muito bem colado ao lance, a dois metros e meio da jogada, apitou sem um milésimo de segundo de indecisão. Retesou o corpo, esticou a mão direita, a mesma que oferecia os cartões, e apontou para a marca da cal. O carioca, que não dera um pênalti claro três minutos atrás, assinalava outro, desta vez duvidoso, 10 minutos antes dos 90 regulamentares.

O Grêmio parecia definitivamente condenado ao desterro da Série B. Raros erram dois pênaltis numa mesma decisão, ainda mais jogando em casa. E, com uma derrota parcial de 1 a 0, seria quase impossível buscar o 1 a 1, empatar com 10 jogadores contra 11.

Capítulo XIX

A polêmica decisão de Beltrami, que uma semana antes estivera em Novo Hamburgo apitando a decisão da Série C, enfureceu os jogadores do Grêmio e mudou a história da partida. Se ele tivesse apitado o anterior, quem sabe a fúria não teria brotado com tamanha intensidade. Afinal, o pênalti fora verdadeiro, segundos os próprios gremistas.

O primeiro a exibir toda a sua inconformidade foi o lateral Patrício, quatro segundos depois da decisão do juiz. Ele arrancou do interior da sua grande área, correu alguns metros e acertou o peito do juiz com o ombro. Tentava, desesperado, explicar, mas de maneira equivocada, que a bola havia batido do ombro de Nunes, nunca no braço.

O Grêmio perdia três jogadores, Escalona, Patrício e Nunes, em cinco minutos.

Beltrami quase caiu com o impacto. Recuou, mas, no momento seguinte, estava firme outra vez. Do bolso direito da bermuda preta, retirou o cartão vermelho e o esticou na frente de Patrício. O vermelho do cartão vibrou no ar.

Próximo da grande área, possessos, os gremistas cercaram Beltrami. O juiz estancou. Então, foi andando para trás, pressionado. Patrício lhe deu outro encontrão, porém mais leve, e tentou, com esperança, argumentar:

– Ele estava com o braço colado ao corpo. Não foi pênalti, não foi.

O juiz avançou, saltou dois passos e mandou um peitaço de militar em direção a Lipatin, que recuou. Beltrami tem quase oito anos de experiência nos batalhões de choque da PM carioca. O volante Nunes recebeu cartão vermelho 24 segundos depois da expulsão de Patrício, por tentar segurar a camisa do árbitro. A pressão era insuportável e ele precisava mostrar mais autoridade ainda. Sobrou para Nunes, que estava no centro dos distúrbios.

O Grêmio perdia três jogadores, Escalona, Patrício e Nunes, em cinco minutos. Seu time somava agora apenas oito jogadores. Se fora de campo tudo parecia definitivamente perdido, dentro de campo era uma indecisão só. Mas ninguém se conformava, nada estava perdido, o árbitro precisava ser encarado de qualquer maneira, pressionado até as últimas conseqüências.

Nove insurgentes gremistas envolveram o árbitro carioca numa parede humana. Nunes, mesmo expulso, continuava por perto, rodando e intimidando. Beltrami se movia para a esquerda, não encontrava espaço e se chocava com alguém. Tentava sair pela direita e levava outro choque. Ele anunciava:

– Afasta, afasta, que eu vou expulsar.

O juiz era o alvo, o vilão, o adversário a ser anulado. O time do Náutico, ao menos naqueles instantes, deixara de existir.

Anderson o empurrava com as mãos. Domingos colocava o dedo na sua cara. Marcelo Costa tentou dar um chute na bunda do árbitro, que segurava o cartão vermelho na mão direita, colado ao corpo, por trás do bolo que se formou. Marcelo atacou por trás, achou um vão e tentou o chute. Não alcançou o seu objetivo.

Anderson levantou as mãos e jurou:

– Não fui eu, não fui.

Beltrami respondeu:

– Eu sei, eu sei.

Pereira virou uma fera:

– Eu não acredito que você vai fazer um negócio destes. Dois pênaltis numa decisão.

Em menos de um minuto, depois do pênalti e das duas expulsões, a polícia, atendendo ao sinal do árbitro, entrou em campo. Não chegou com delicadeza. Veio debelar um motim. Os policiais chegaram correndo, um deles ganhou

impulso e entrou voando no meio dos jogadores mais próximos ao juiz. Acertou uma voadora em Patrício, que caiu. O joelho do policial acertou o lado esquerdo do corpo de Patrício, bem na altura das costelas. No chão, o lateral perdeu o fôlego, o ritmo da respiração.

Os policiais que voaram sobre os jogadores foram os mesmos que, depois do jogo, entraram no vestiário e levaram camisas, meias, calções e chuteiras. Marcelo Costa entregou a sua chuteira e ainda ouviu o comentário bem-humorado de um deles, muito parecido com aquele que deu a voadora em Patrício:

– Vou jogar minha peladinha com chuteira de jogador campeão.

Atrás dos homens do batalhão de choque da PM que tomou o gramado vieram repórteres, cinegrafistas, fotógrafos, gandulas e os ilegais, que ficam atrás das goleiras em diferentes estádios do país e sempre entram em campo nos entreveros. Sessenta segundos após a marcação do pênalti, o campo de jogo estava tomado por mais de 100 pessoas. Mas o juiz já estava protegido do assédio dos gremistas. Doze policiais o envolveram. Era impossível furar o bloqueio mesmo com a ajuda de todo o banco de reservas do Grêmio, já em campo. Os reservas, usando coletes amarelos sobre a camisa tricolor, também fustigavam o juiz, como Marcel, um dos mais irritados.

– Que pênalti, que nada. Não foi. Deste jeito não tem mais jogo.

– Mano, a gente não pode acabar com o jogo. Não pode sair. Perto, Pereira emendava: – O Galatto vai defender.

Quase no centro do gramado dois grandes grupos se dividiram. O do juiz, ilhado pelas forças da lei, com capacetes, escudos, cassetetes e sprays com gás de pimenta, e o dos gaúchos, envolvidos por microfones, máquinas fotográficas e câmeras. Mas os gremistas jamais deixaram de xingar Beltrami. Abandonavam seu grupo, caminhavam alguns passos e gritavam com o juiz. Voltavam e recomeçavam tudo outra vez. O juiz era o alvo, o vilão, o adversário a ser anulado. O time do Náutico, ao menos naqueles instantes, deixara de existir.

Domingos, Pereira e Sandro Goiano continuavam inconformados e exaltados. Não admitiam a realidade. Domingos se aproximou e fez o clássico gesto de roubo no futebol, polegar direito girando embaixo da mão esquerda. Beltrami viu, mas fez que não era com ele.

Aos 39 minutos, a PM começou a limpar o terreno, pedindo a todos, menos os jogadores, que voltassem aos seus lugares de trabalho, atrás das duas goleiras. Ao mesmo tempo, Mano Menezes já havia feito uma rápida reunião com os seus jogadores dentro da grande área de Galatto. Mano aparentava uma tranqüilidade bem acima da média.

Marcelo Costa encontrou o técnico:

– Mano, a gente não pode acabar com o jogo. Não pode sair.

– Concordo, Marcelo.

Perto, Pereira emendava:

– O Galatto vai defender.

O repórter da RBS TV Fernando Becker tentou saber do técnico o tom da conversa. Mano foi igualmente breve:

– Apenas pedi calma.

Na hora, Marcel não conhecia a palavra calma. Queria sair de campo, acabar com o jogo, deixar a decisão para a Justiça. Ele se plantou na frente do juiz e começou a despejar, sempre aos gritos:

– O que você vai dizer para o seu filho em casa? Sua mulher e seu filho vão dizer que você é o pior juiz do campeonato.

E continuava:

– Com esta atuação, você está roubando o dinheiro do meu filho.

As 20 mil pessoas que assistiam à decisão nos Aflitos, menos os 200 visitantes que permaneciam calados e incrédulos, começaram a entoar um canto conhecido, depois que os radinhos de pilha avisaram que o Santa já garantira seu lugar na Série A de 2006, ao superar a Lusa por 2 a 1:

– Ah, é Pernambuco. Ah, é Pernambuco.

Perto do repórter da Rádio Gaúcha Sílvio Benfica, o jovem Anderson perguntava:

– Foi pênalti? Não foi, né?

O capitão Sandro fechava a conversa:

– O pessoal da tevê diz que não foi.

Aos 44 minutos, os dirigentes gremistas começaram a aparecer atrás da goleira de Gallato. Eles deixaram as arquibancadas, desceram até o vestiário e entraram em campo com toda a disposição do mundo. O pênalti, as expulsões e a agressividade dos policiais não podiam ser aceitas, especialmente depois que os PMs entraram com a violência típica de uma tropa de choque no meio dos jogadores do Grêmio. Era preciso fazer alguma coisa.

Odone decidiu agir.
– Renato, e se terminar agora? O que acontece?
– As sanções serão muito pesadas, presidente.

O primeiro a pisar decidido no gramado, avançando por trás da goleira de Galatto, foi o ex-presidente Luiz Carlos Silveira Martins, o Cacalo. Como escolta veio outro coronel da reserva da Brigada Militar gaúcha, Élvio José Pires. Cacalo correu ao encontro de Patrício, ainda caído, auxiliado pelo médico Alarico Endres e o massagista Darly da Silva.

– Fica aí. Fica aí. Tu pode ser uma arma para nós.

O presidente Paulo Odone apareceu em seguida. Não sabia certo quantos dos seus jogadores tinham sido expulsos. Nem ele, nem ninguém que estava nas proximidades da agitação. Na seqüência, desceram outros dirigentes, ex-dirigentes, assessores, conselheiros e seguranças. O celular de Odone não parava de tocar, tanto que ele desligou o aparelho. O do assessor Alfredo Oliveira recebia chamadas de pessoas de diferentes partes do Brasil. As ligações vinham de atônitos e irritados gremistas de Estados distantes como Rondônia e Tocantins, chegavam da Bahia e do Rio de Janeiro, desciam de Minas Gerais e de São Paulo, sem contar os torpedos disparados do Rio Grande do Sul, do Paraná e de Santa Catarina.

Afirmavam:

– Estão nos roubando. Eu tô vendo na tevê.

Exigiam:

– Manda tirar o time de campo.

Garantiam:

– Com um juiz assim o Grêmio não vai subir nunca.

Ignorando as vozes dos celulares e os conselhos, os que pediam a retirada do time e os que desejavam continuar jogando, Odone decidiu agir. Antes ouviu com atenção dobrada a voz do assessor de futebol Renato Moreira, também um experiente advogado de tribunais esportivos:

– Renato, e se terminar agora? O que acontece?

– As sanções serão muito pesadas, presidente.

Odone, um dos mais frios naquela hora, ao lado de Mano e Galatto, pensou um pouco e, por acaso, viu o goleiro perto dele, aparentando toda a tranqüilidade do mundo, caminhando como se fosse defender um pênalti de treino. Mesmo sem totais convicções, ordenou.

– Manda bater o pênalti.

Mas no Náutico, apesar de insistentes pedidos do técnico Roberto Cavalo, alguns jogadores se recusavam a cobrar o pênalti mais importante dos últimos anos do clube. Kuki rejeitou, Cleisson passou a bola e Cavalo ficou concentrado em outros três jogadores. Ainda tinha dúvidas: Ademar ou Paulo Matos ou ainda Romualdo.

Aos 46 minutos, campo de jogo desobstruído, Beltrami colocou a bola embaixo do braço direito e caminhou decidido em direção à marca do pênalti. Encontrou dez gremistas na meia-lua da grande área. Formavam uma perfeita linha de contenção, a defesa ideal dos retranqueiros. Estavam decididos a evitar a cobrança. Domingos encarou Beltrami:

– Não vai bater, nem tem como bater.

Beltrami ganhou imediatamente outro socorro de uma dúzia de policiais, que o rodearam. Escoltado, desviou da barreira de camisas tricolores e conseguiu chegar até a marca do pênalti.

Com a bola na mão direita, nem notou a aproximação de Domingos. O zagueiro deu um tapa e a bola voou longe. Beltrami desvencilhou-se do braço de Sandro Goiano, que tentava segurá-lo, e levantou seu quarto cartão vermelho da tarde, que já ganhava tons noturnos.

Domingos estava expulso. O Grêmio perdia seu quarto jogador. Agora eram sete contra 11 e ainda um pênalti à disposição do Náutico. Tudo indicava, o fim se aproximava rapidamente. Cada expulsão soava como um gol no estádio. Uma taça apareceu no meio da multidão, a torcida se enfezou antecipadamente e vibrou como se o Náutico já tivesse batido o pênalti e marcado o gol.

Mais um cartão vermelho e a decisão acabaria por número insuficiente de jogadores. O juiz simplesmente colocaria na súmula que precisou terminar antes dos 90 minutos regulamentares porque um dos times somava apenas seis jogadores. A partida iria a julgamento na Justiça Desportiva e, provavelmente, o Náutico seria declarado vencedor. O Grêmio deixaria Recife na manhã seguinte ainda na Segunda Divisão e transferiria a sua luta para o inadequado tapetão.

Os próprios dirigentes do Grêmio, que consideraram a idéia de abandonar a partida depois das quatro expulsões, chegaram a pensar em resolver tudo na Justiça. Mas não queriam, nem mortos, voltar a Porto Alegre ainda na Segunda Divisão.

Pereira ficou irritadíssimo com a atitude impensada e infantil de Domingos. Deu até um empurrão no companheiro de zaga. Notou, porém, que o zagueiro estava transtornado:

– Você está parecendo um juvenil. Que você está fazendo? Olha a merda que você fez.

Domingos não ouvia nada, parecia em transe e só dizia:

– Eu não agüento. Não vou deixar bater. Eu não agüento mais.

Beltrami insistia na cobrança, mas os jogadores gremistas teimavam em ficar em volta da marca da cal. Mano Menezes se posicionou entre os jogadores e o árbitro nas proximidades da grande área. Antes ele tinha tirado o centroavante Lipatin e colocado o zagueiro Marcelo Oliveira, que ocuparia o lugar de Domingos, se o jogo continuasse de verdade.

A partida estava fora de controle, o medo de uma invasão em massa aumentava e apenas a PM mantinha a ordem.

Mano cruzou os braços e falou com o juiz. Beltrami, que havia cortado o diálogo com todos, abriu uma exceção ao treinador e argumentou:

– Professor, o pênalti precisa ser cobrado. O jogo não acabou. E eu vou até o fim neste jogo, de qualquer maneira...

Galatto interrompeu a resposta e foi incisivo:

– Está compensando o pênalti que você não deu antes, não é?

Perto, Anderson fazia um gesto com as duas mãos e garantia aos gritos:

– Acabou, acabou.

O capitão Sandro reforçava as queixas contra Beltrami:

– Você está errado. Tá todo mundo dizendo que não foi. O pessoal da tevê confirmou que não foi pênalti.

A nova confusão nasceu aos 51 minutos. Um torcedor, de jeans e tênis, usando a camisa do Grêmio amarrada na cabeça, pulou das arquibancadas e conseguiu entrar em campo. Correu até a grande área, mas foi atacado próximo à goleira de Galatto. Antes recebeu um pontapé de um homem que portava um crachá de imprensa, o que revoltou os jogadores do Grêmio. Eles tentaram acudir o jovem e revidar a agressão. A polícia chegou antes e recolheu o invasor.

O juiz falou aos que tentavam intimidá-lo:
– Vocês não perderam ainda. Têm que deixar bater o pênalti.

A partida estava fora de controle, o medo de uma invasão em massa aumentava e apenas a PM mantinha a ordem. Qualquer gesto, movimento, frase mal usada convidava ao conflito, a novo corre-corre. Marcel apareceu na frente da torcida gremista e pediu, com gritos e gestos, que os 200 torcedores invadissem o campo e terminassem com tudo.

– Vamos invadir. Não vamos deixar bater o pênalti.

Os dois assessores de futebol do Grêmio, Renato Moreira e Paulo Pelaipe, que deixaram o lugar reservado aos dirigentes nas arquibancadas, desceram ao vestiário. Foram dar assistência aos jogadores que estavam sendo expulsos. Escalona chorava num canto. Patrício queixava-se de dor nas costelas e tinha dificuldades para respirar.

Pelaipe foi assisti-lo e ouviu.

– Seu Pelaipe, não deixa ele nos roubar.

Pelaipe e Patrício levaram um susto com o gemido que ouviram, bem atrás de uma porta. O som lembrava alguém ferido, talvez muito machucado. Em seguida, veio o grito:

– Ahahahahaaaaa!

Aí, um estrondo. Domingos havia acertado a porta de madeira do vestiário, uma das internas, com uma certeira voadora. A porta rachou bem no meio e o marco soltou. Empunhando o marco da porta com as duas mãos, como um tacape, Domingos começou a quebrar tudo que encontrava pela frente. Primeiro as pias, depois os espelhos, os bidês, os bancos, as torneiras, os canos e os chuveiros. Batia com o pedaço de pau e gritava:

– Estão nos roubando, estão nos roubando.

O fisioterapeuta Valente tentou retirá-lo do transe:

– Calma, Domingos, calma.

A destruição e a crise demoraram mais de um minuto. Então, Domingos se acalmou do estado de choque em que se encontrava e teve um acesso de choro no miúdo vestiário embaixo das arquibancadas. Lá em cima, milhares de pessoas pulavam e dançavam. O estádio sacudia. A classificação parecia certa, definida. No Mundão do Arruda, o Santa Cruz começava a volta olímpica, uma taça apareceu no meio dos jogadores e 60 mil pessoas, a três quilômetros dos Aflitos, exultavam:

– É campeão, é campeão.

Na marca do pênalti, Djalma Beltrami ainda tentava recuperar autoridade contestada e, em pensamento, fazia uma promessa: "Este jogo vai chegar ao fim, vai chegar ao fim". Logo falou aos que tentavam intimidá-lo:

– Vocês não perderam ainda. Têm que deixar bater o pênalti.

Marcel começou a cavar um buraco na cal bem na frente do juiz. Usou o bico da chuteira como pá. Chutava e levantava leivas, terra e areia.

O lateral Ademar foi finalmente escolhido para a cobrança, mais pela desistência de Kuki do que pelas suas qualidades. Ele ficou aquecendo, à parte, enquanto esperava a hora do chute. O goleiro Galatto ficou sabendo o nome do cobrador através de um repórter de uma rádio de Recife, que ainda disse:

– Olha, ele sempre bate cruzado.

Outro se aproximou e alertou:

– O Ademar bate forte no canto.

Pereira puxou Galatto:

– Não dá atenção. Eles querem te enlouquecer.

Quem conhecia Ademar, como Ricardinho, seu companheiro de Santa Cruz na adolescência, sabia do potencial do defensor do Náutico. O goleador alertou o médico Alarico Endres:

– Este moleque nunca bateu pênalti na vida. Não vai fazer.

Galatto não conhecia os macetes de Ademar. Mas já tinha observado outros cobradores do Náutico em vídeos. Mano sempre pedia que eles olhassem e estudassem com atenção os adversários. O goleiro sabia que Kuki cobrava forte no meio. Bruno Carvalho chutava forte no canto e Netinho batia cruzado.

Ademar era uma surpresa até para o próprio treinador de goleiros Francisco Cersósimo. Ele chamou Galatto atrás do gol e o alertou:

– Ele é canhoto. A tendência é um chute cruzado no teu canto esquerdo. Espera até o último segundo e vai.

No vestiário, o clima era de inconformidade e de desespero total. Sem rádio, todos se guiavam pelo som da torcida e pelo entra-e-sai de jogadores, dirigentes e membros da comissão técnica, que sempre voltavam com uma informação, nunca positiva. Umas dez pessoas sofriam juntas.

Paulo Pelaipe resolveu acabar com o choro:

– Em vez de chorar, vamos rezar.

O cobrador estava nervoso. Ele queria estar em qualquer lugar, menos naquela pequena área.

Católico praticante, Pelaipe se ajoelhou num canto e todos fizeram o mesmo ao seu lado. Puxaram uma ave-maria, seguiram com um pai-nosso e assim foi. Ninguém sabia o que estava acontecendo fora daquelas quatro paredes. Depois do quebra-quebra de Domingos, o Batalhão de Choque da PM trancou o túnel que ligava o vestiário ao campo. O vestiário estava isolado. A única saída desobstruída dava para a rua, atrás do muro, mas ainda no interior do estádio, de onde só se ouvia o barulho da massa.

Aos 55 minutos, Ademar se ajoelhou também, mas na grama, e começou a juntar terra para fechar o buraco que Marcel fizera segundos antes. Mas Marcel não desistiu, assustou Ademar e continuou cavando acintosamente, a centímetros do juiz, que, imediatamente, levantou o amarelo. Marcel, que saiu para a entrada de Anderson, antes da bagunça se armar, deu de ombros:

– Pode me expulsar. Eu tô fora do jogo mesmo.

Beltrami tentava organizar a cobrança de uma vez por todas e Ademar procurava, pela terceira vez, nivelar a grama na marca do pênalti, acertar o local da cobrança ao seu gosto.

Perto do lateral, Kuki rezava. O juiz entrou em ação novamente e pediu para Nunes sair, já que o volante tinha sido expulso. Ademar mantinha a cabeça baixa, olhos fixos na grama. Não mirava Galatto, nem via milhares de pessoas de mãos dadas, fazendo fé no venerado gol da classificação. O cobrador estava nervoso. Ele queria estar em qualquer lugar, menos naquela pequena área.

O goleiro, que no começo da temporada treinava de zagueiro pelo excesso de goleiros no Olímpico, endereçou apenas uma irônica frase ao cobrador:

– Boa sorte. Que Deus te abençoe.

O tenso e desconfiado Ademar ainda respondeu:

– Obrigado.

No vestiário, o inconformado Domingos, ao saber que o pênalti seria mesmo cobrado, queria voltar ao gramado. Foi seguro pelo auxiliar de Mano, Sidnei Lobo:

– Fica aqui, Domingos. Você não vai voltar lá.

Todos os dirigentes que entraram em campo sem ser convidados foram colocados atrás da goleira de Galatto. Ficaram de pé, agarrados na grade do túnel que termina no vestiário. Os repórteres enfileirados atrás da goleira roubavam quase todo o campo de visão dos gaúchos.

Nunes, expulso, não desceu ao vestiário. Ficou na linha de fundo, parado, meio atônito, se perguntando em voz alta:

– Por que eu? Por quê?

O canhoto Ademar recuou sete passos, enquadrou o corpo, correu e chutou forte e baixo, quase no meio do gol. Galatto não tentou adivinhar o canto. Calculou. Esperou até o último segundo e, braços vergados ao extremo, jogou-se para o lado esquerdo. Não viu. Sentiu. Percebeu a bola bater na sua coxa direita, subir, fugir do arco da goleira e se perder

pela linha de fundo. O goleiro caiu, se ergueu rapidamente e não vibrou. Nem aceitou o abraço emocionado de Lucas.

Perto da linha da área, Kuki se jogou no chão. Caiu de costas, braços na cabeça e pernas estendidas sobre a grama rala. A imensa torcida do Náutico calou. Os apitos cessaram, os pulos nas arquibancadas murcharam, o frevo morreu. Saíam de cena 20 mil vozes, renasciam 200, mas com uma garganta de 20 mil watts.

No chão, as duas mãos na cabeça, Kuki não viu milhares de pessoas levantando e buscando os portões de saída. Ninguém acreditava em mais nada.

Ainda atônita, a torcida do Grêmio não sabia o que fazer. Queria crer, mas não podia. Acreditava em milagres, em gols em finais de jogos, em viradas impossíveis, mas aquilo parecia demais. O ronco que arranhou 200 gargantas depois da defesa de Galatto varreu os Aflitos, espalhou-se pelas redondezas, e testemunhas dizem que foi ouvido três quilômetros adiante, no entorno do Estádio do Arruda, onde o Santa Cruz celebrava. Mas três mil metros significavam quase zero quando se sabia que o jogo tinha abrangência nacional e avançava sobre o sagrado horário da novela das seis da tarde da Rede Globo.

– O Galatto defendeu. O Galatto defendeu. A reza cessou na hora, todos começaram a se abraçar e a chorar.

Kuki, criado em Roca Sales, no interior do Rio Grande do Sul, mas de família cearense, torcedor do Grêmio na infância e admirador de Renato Portaluppi, era a imagem mais significativa do Náutico naquele exato momento, aos 59 minutos e 42 segundos do segundo tempo, dois segundos depois do erro de Ademar. No chão, as duas mãos na cabeça, Kuki não viu milhares de pessoas levantando e buscando os portões de saída. Ninguém acreditava em mais nada.

Fora do vestiário, onde fora rezar sozinho e pegar um pouco de ar, Pelaipe controlava o ruído da torcida. De repente, ele sentiu um estranho silêncio. Ouviu, então, uma comemoração abafada. Quando tentou se erguer, surpreso e apreensivo, foi abraçado por um segurança, radinho colado ao ouvido, torcedor do Sport, o terceiro time de Recife e fora do quadrangular final.

O pernambucano repetia:

– O goleiro pegou, o goleiro pegou.

Pelaipe entrou correndo no vestiário, braços erguidos, berrando, olhos em lágrimas, despejando o coração pela garganta:

– O Galatto defendeu. O Galatto defendeu.

A reza cessou na hora, todos começaram a se abraçar e a chorar. Patrício ainda tentou dizer ao emocionado reserva Luiz Fernando:

– Mas nós somos apenas sete contra onze. E agora? Falta muito para terminar?

Ao ouvir os números, ao tomar consciência da bruta realidade, todos voltaram às orações. Começaram outra ave-maria, abraçados, joelhos expostos no cimento frio.

Pereira não comemorou depois da defesa do goleiro. Correu na direção do árbitro, pegou-o saindo da área e fez uma cobrança enérgica.

– Tá vendo? Agora eu quero ver o que você vai fazer com o tempo.

Capítulo XX

Galatto defendeu o pênalti aos 59 minutos e 40 segundos. Trinta segundos depois, a bola estava com o garoto-prodígio Anderson, que a recebeu livre, na sua intermediária pelo lado esquerdo. Ele faz uma tabela rápida com Marcelo Costa, ganhou a bola de volta, tentou o drible, mas foi atropelado pelo capitão do Náutico, Batata, bem na frente do reservado do Grêmio, na linha lateral.

– Vai neguinho, vai neguinho.
Marcelo Costa tocou rapidamente a bola, quase na linha da lateral. Anderson dominou a esfera e partiu em velocidade rumo à grande área.

Nove pularam do banco de reservas, ameaçaram pisar no gramado e exigiram cartão pela jogada que não foi tão violenta assim. Beltrami optou pelo amarelo, o segundo do zagueiro, e, em seguida, como manda a regra, adotou o vermelho. O zagueiro, com uma indolência imprópria para o final de um jogo decisivo, saiu caminhando. Com Batata fora, já eram dez contra sete.

O médico Alarico Endres viu Anderson no chão, entrou em campo correndo e suplicando:

– Fica aí, fica aí. Olha o tempo.

O juiz ouviu e mandou Endres voltar, caso contrário engordaria a lista das expulsões:

– O senhor pode sair que ele não tem nada.

Claisson, que deveria marcar Anderson, próximo do local da falta, desatento, pedia calma aos companheiros, com os dois braços levantados. O zagueiro Tuca ficou de costas para o lance, conversando alguma coisa com o agora sorumbático Ademar, próximo à grande área. Na lateral, alguns torcedores do Náutico jogavam objetos no gramado, outros se sentiam mal, e os paramédicos e médicos começaram a trabalhar. Mais de uma dezena de pessoas foram retiradas das arquibancadas e atendidas atrás da goleira de Gallato na seqüência.

Ligadíssimo no jogo, o astuto Marcelo Costa notou a desatenção e o desequilíbrio emocional dos adversários. Não esperou o som do apito, atiçou Anderson e garantiu o mais inteligente, letal e inesquecível passe da sua carreira:

– Vai neguinho, vai neguinho.

Marcelo Costa tocou rapidamente a bola, quase na linha da lateral. Anderson dominou a esfera e partiu em velocidade rumo à grande área. Beltrami olhou o bandeirinha correndo do outro lado, na extrema-direita, e acelerou junto, veloz como um atacante, poucos metros atrás de Anderson.

No lance, eram três defensores, mais o goleiro Rodolpho, contra Marcelo e Anderson. Os outros seis companheiros não entendiam mais a realidade da partida. Baqueados, viviam num mundo à parte, naquele preciso e precioso instante, estropiados pela coragem do adversário e exauridos pela própria incompetência e a crescente tensão dos acontecimentos.

Cleisson correu atrás de Anderson. O distraído zagueiro Tuca tentou alcançar o gaúcho, mas descartou o choque lateral com medo de um pênalti inevitável. Anderson alcançou a área, evitou o goleiro Rodolpho e deu um tapa na bola com pé esquerdo número 41, quase no risco da pequena área. Viu a bola entrar acelerada e obediente no canto direito da goleira, aninhar-se no fundo da rede, e saiu correndo pelo lado contrário, batendo no peito, enfrentando e desafiando a torcida:

– Eu sou foda, eu sou foda...

O milagre foi de Anderson, o Andershow. O gol que ninguém sequer poderia imaginar chegou nos pés do craque do Grêmio. Marcelo pulou nas costas do goleador, enquanto Beltrami dava um pique em direção ao centro de campo, confirmando a autenticidade da jogada. Grêmio, 1 a 0. O gol da classificação, do título, da volta à Primeira Divisão.

Marcelo tirou o goleador da frente da torcida adversária, que tentou acertá-lo com um tênis, com meia e tudo, e um rádio, ainda ligado, e o trouxe para a segurança do meio de campo, onde os desnorteados inimigos de branco não exibiam forças para recomeçar a decisão.

A Ave-Maria ficava no meio outra vez, todos se abraçavam e celebravam o extraordinário feito de Anderson e a inacreditável vitória gremista.

Enlouquecidos, mas iluminados pelo gol impossível e imprevisível, num jogo de sete contra dez, Mano Menezes e seus companheiros de banco de reservas entraram em campo e pularam, correram de um lado para outro e se abraçaram. Os dirigentes, que assistiram a tudo na outra extremidade, atrás do gol do *Ice Man* Galatto, mas sem uma visão perfeita, chamavam os repórteres, pediam detalhes, queriam

saber se o gol era de verdade, se não havia sido impedimento. A comemoração misturava lágrimas, soluços e abraços numa felicidade comovente. Muitos choravam que nem crianças.

À esquerda deles, a torcida descia e subia os degraus das arquibancadas numa euforia única e incontrolável. Os torcedores se abraçavam, gritavam, colocavam as mãos na cabeça, choravam e se perguntavam se aquilo tudo estava realmente acontecendo. Marcel correu até a frente da torcida e jogou a sua camisa, disputada como um troféu.

Incrédulo, o conselheiro Zélio Hocsman, branco como papel, repetia:

– Eu não acredito nos meus olhos, acho que morri.

No vestiário, que lembrava uma igreja naquela instante, o assessor de futebol Renato Moreira apareceu na porta, tomado pela emoção e, com a voz trêmula, conseguiu dizer:

– Gol..., gol..., gol..., gol.

Gol de quem, perguntaram os atônitos reservas:

– De quem, Dr. Renato?

– Nosso, gol nosso.

A ave-maria ficava no meio outra vez, todos se abraçavam e celebravam o extraordinário feito de Anderson e a inacreditável vitória gremista. Quem ainda não acreditava, quem pedia confirmação, antes de enveredar pelo túnel e subir até o gramado, era atendido pelo assessor de futebol Pelaipe, que quase não conseguia falar.

– Gol do pretinho, foi do pretinho.

Sandro Goiano pedia:
– Vamos dar o sangue.
Pereira respondia:
– A gente não vai perder. Agora não perdemos mais.

Em inadmissíveis 71 segundos, no jogo de uma vida, com apenas sete jogadores, o Grêmio defendeu um pênalti e em seguida marcou um gol. Não há feito semelhante, nem parecido, na história do futebol. O time saiu de uma derrota certa, confirmada, e festejou uma vitória memorável, inacreditável. O torcedor comemorou como se o mundo inteiro fosse azul mais uma vez. E foi.

Depois do gol, ainda eram sete contra dez, e ninguém sabia quantos minutos o árbitro ofereceria como desconto. O jogo parou durante 23 minutos, entre as três expulsões, invasões e cobrança do pênalti. Na volta ao seu campo, antes da nova saída de jogo, Anderson passou por Beltrami e provocou:

– Tá vendo? Tá vendo? Não adiantou nada, nós vamos vencer.

Ouviu como resposta, imediatamente, num tom de voz que ele jamais vai esquecer, mesmo vivendo um século:

– Este gol não foi pra você, Anderson. Você fez este gol para mim.

Beltrami desligou o cronômetro novamente aos 61 minutos e 51 segundos, temendo uma nova invasão, desta vez vermelha, e só recomeçou a partida aos 64 minutos e 44 segundos. Quase três minutos que o Grêmio saboreou como se fossem 30. Tempo para tomar água e respirar dentro de campo. Tempo para recuperar os desmaiados pelo Rio Grande afora e olhar mais uma vez o placar da tevê, desligar e ligar o rádio de novo para ver, saber, entender se era mesmo verdade que tudo aquilo estava acontecendo.

Antes da bola rolar outra vez, de braços erguidos, o capitão Sandro Goiano pedia, como se fosse preciso, força tripla aos companheiros:

– Vamos dar o sangue.

Pereira respondia:

– A gente não vai perder. Agora não perdemos mais.

Marcelo Costa declarava:

– Eu fico do lado direito da defesa. Da intermediária ninguém passa.

Sandro encostava em Beltrami e exigia.

– Acaba o jogo logo, professor. Não dá mais, não existe mais condições de segurança. Não se complique ainda mais.

Beltrami se mantinha firme:

– Este jogo vai até o seu final.

Todos sabiam, mas não podiam acreditar no que estavam vendo, os do campo e os da tevê. Qualquer beliscão era bem-vindo. O Grêmio vencia, 1 a 0, contava com seis jogadores na linha contra nove do adversário. Antes do final, aos 69 minutos e 43 segundos, mais de 24 minutos além do tempo regulamentar de 45 minutos, o Náutico ainda atacou três vezes, levando perigo apenas num único chute de Romualdo, que Pereira desviou perto da marca do pênalti.

Uma improvisada linha de cinco jogadores (Marcelo Costa, Marcelo Oliveira, Pereira, Lucas e Goiano), com Anderson um pouco mais à frente, tentava fortificar-se e controlar os ataques. O Grêmio chegou apenas uma vez mais nas proximidades da área do Náutico, depois de Anderson driblar três adversários com espantosa velocidade e facilidade e avançar desde a sua intermediária. Uma falta forte o parou, quase na bandeirinha de escanteio. Anderson pediu:

– Termina, professor. O jogo acabou.

Vencer um time inteiro com apenas sete jogadores não foi tarefa de normais. Foi desafio de heróis.

O carioca Beltrami ergueu a mão, apitou, encerrou o jogo e foi isolado pela PM. Os jogadores não comemoraram em campo, não festejaram. A segurança do Grêmio chegou junto e levou todos ao vestiário de dez passos de comprimento. Todos temiam que a derrota promovesse uma invasão da torcida adversária, quem sabe uma discussão entre os jogadores ou provocações de cartolas mais exaltados. A troca de camisetas foi proibida.

Todos que estavam no vestiário tricolor atravessaram o túnel, subiram as escadas e foram receber os sete guerreiros que deixavam o campo atrás da goleira de Galatto, quase ao lado da torcida que se esgoelava nas arquibancadas. Juntos, abraçados, misturados aos dirigentes que, emocionados, choravam sem vergonha de olhar para as câmeras, voltaram ao vestiário.

Jogadores, integrantes da comissão técnica e dirigentes tomaram o túnel, desceram as escadas, avançaram 20 metros e chegaram ao vestiário com outra postura. Retornavam campeões, não importava que o título apresentasse o carimbo nem sempre vistoso da Segunda Divisão. Não importava mesmo. A decisão havia sido atípica, disputada com guerreiros e vencida de forma épica.

Vencer um time inteiro com apenas sete jogadores não foi tarefa de normais. Foi desafio de heróis.

Capítulo XXI

Quem abandonava o Estádio dos Aflitos, num silêncio de velório, na noite já plena de 26 de novembro de 2005, e caminhava nas vizinhanças do minúsculo e ruidoso vestiário dos visitantes, embaixo das arquibancadas, sintonizava desde as ruas estreitas o inolvidável canto de guerra e de paz, que nascia na alma de quase meia centena de eufóricos gremistas:

Até a pé nós iremos
Para o que der e vier
Mas o certo é que nós estaremos
Com o Grêmio onde o Grêmio estiver

No Sul profundo, num extremo do Brasil, a milhares de quilômetros de distância de Recife, a trilha sonora, o poder da emoção e a intensidade da euforia eram idênticos.

Capítulo XXII

No seu vigiado vestiário, alheio aos díspares sentimentos do entorno dos Aflitos, o árbitro carioca Djalma Beltrami elegeu um cantinho solitário. Ainda envergando o uniforme amarelo e preto da suada decisão, cartões nos bolsos da camisa, apito no bolso da bermuda, ele ajoelhou, rezou, pensou e chorou.

Dentro de campo, o juiz teve a absoluta certeza que foi tocado duas vezes por Deus: quando Galatto pegou o pênalti e no preciso instante do gol de Anderson.

O Senhor foi justo, mas fixou seu preço. Náutico e Grêmio, ao menos para Beltrami, jamais vai terminar.

A campanha do Grêmio na Série B

Primeira fase

Num campeonato de pontos corridos de turno único, 22 clubes disputaram oito vagas para jogar dois quadrangulares semifinais. Os dois primeiros de cada grupo chegaram ao quadrangular final, com turno e returno, que definiu os dois que subiram para a Primeira Divisão: Grêmio e Santa Cruz.

Abril
23 – Gama 2 x 1 Grêmio, em Brasília
29 – Grêmio 4 x 3 Avaí, em Porto Alegre

Maio
7 – Grêmio 0 x 2 Ituano, em Porto Alegre
15 – Criciúma 0 X 2 Grêmio, em Criciúma
21 – Guarani 1 x 1 Grêmio, em Campinas
28 – Grêmio 2 x 2 Náutico, em Porto Alegre

Junho
3 – Caxias 1 x 1 Grêmio, em Caxias do Sul
11 – Grêmio 2 x 2 Paulista, em Porto Alegre
19 – Anapolina 4 x 0 Grêmio, em Anápolis
25 – Grêmio 1 x 0 Paulista, em Porto Alegre
28 – Ceará 3 x 4 Grêmio, em Fortaleza

Julho
10 – Grêmio 1 x 2 Vitória, em Porto Alegre
16 – Sport 0 x 1 Grêmio, em Recife
24 – União Barbarense 1 x 1 Grêmio, em Sta. Bárbara
29 – Grêmio 4 x 0 São Raimundo, em Porto Alegre

Agosto
7 – Bahia 1 x 1 Grêmio, Salvador
13 – Grêmio 2 x 0 Santa Cruz, em Porto Alegre
21 – Portuguesa 1 x 2 Grêmio, em São Paulo
26 – Grêmio 0 x 0 Vila Nova, em Porto Alegre

Setembro
2 – CRB 0 x 0 Grêmio, em Alagoas
10 – Grêmio 1 x 1 Marília, em Porto Alegre

Segunda fase

Quadrangular semifinal que definiu duas vagas no quadrangular final

Setembro
16 – Santo André 0 x 1 Grêmio, em Santo André
24 – Grêmio 2 x 0 Avaí, em Porto Alegre

Outubro
1 – Grêmio 2 x 0 Santa Cruz, em Porto Alegre
4 – Santa Cruz 1 x 0 Grêmio, em Recife
7 – Avaí 1 x 3 Grêmio, em Florianópolis
14 – Grêmio 0 x 2 Santo André, em Porto Alegre

Terceira fase

Quadrangular final. Apenas os dois primeiros ganham o direito de trocar de divisão: de B para A.

Outubro
22 – Grêmio 1 x 0 Náutico, em Porto Alegre
29 – Santa Cruz 1 x 1 Grêmio, em Recife

Novembro
5 – Portuguesa 1 x 1 Grêmio, em São Paulo
12 – Grêmio 2 x 2 Portuguesa, em Porto Alegre
19 – Grêmio 2 x 0 Santa Cruz, em Porto Alegre
26 – Náutico 0 x 1 Grêmio, em Recife

Classificação do quadrangular final:

1. Grêmio: 12 pontos
2. Santa Cruz: 10 pontos
3. Náutico: 6 pontos
4. Portuguesa: 5 pontos

Estatística do Grêmio:
Total de jogos: 33
Vitórias: 16
Empates: 11
Derrotas: 6
Gols marcados: 48
Gols contra: 34
Aproveitamento: 59,59%

Principais goleadores
Ricardinho: 6
Samuel e Anderson: 5
Marcel, Domingos e Pereira: 3
Marcelo Costa: 2
Lipatin: 2

Ficha técnica de Náutico X Grêmio

Data: 26 de novembro de 2005.
Local: Estádio dos Aflitos, em Recife, Pernambuco.

Náutico (0): Rodolpho, Bruno Carvalho (Miltinho), Batata, Tuca e Ademar, Tozo (Paulinho), Cleisson, David (Romualdo) e Danilo, Paulo Matos e Kuki.

Grêmio (1): Galatto, Patrício, Domingos, Pereira e Escalona, Nunes, Sandro Goiano, Marcelo Costa e Marcel (Anderson), Ricardinho (Lucas) e Lipatin (Marcelo Oliveira).

Gol: Anderson, aos 60min51seg do segundo tempo.

Expulsões: Escalona, Patrício, Nunes e Domingos (G) e Batata (N).

Arbitragem: Djalma Beltrami (RJ), auxiliado por Hilton Moutinho Rodrigues (FIFA-RJ) e Carlos Henrique Alves de Lima (RJ).

Público: 22.353 espectadores.
Renda: R$ 302.070,00

Referências bibliográficas

Livros

Até a pé nós iremos, de Ruy Carlos Ostermann (Editora Mercado Aberto).

Goleiros, heróis e anti-heróis da camisa 1, de Paulo Guilherme (Editora Alameda).

Imortal tricolor, 100 anos de glória, de Marcelo Ferla (L&PM).

A sombra das chuteiras imortais, de Nelson Rodrigues (Cia das Letras)

Com brasileiro não há quem possa – Futebol e identidade nacional em José Lins do Rego, Mário Filho e Nelson Rodrigues, de Fátima Martin Rodrigues Ferreira Antunes (Editora Unesp).

Quando é dia de futebol, de Carlos Drummond de Andrade (Editora Record).

Anjos brancos, os bastidores do Real Madrid, de John Carlin (Relume Dumará).

Jornais

Zero Hora, Correio do Povo, O Sul, NH, Folha de S. Paulo, Estado de São Paulo, O Lance e *O Globo.*

Sites

ClicRBS, IG, Terra, Uol e Globo.com

Televisão

RBS TV e Globo

GRÁFICA EDITORA
Pallotti
IMAGEM DE QUALIDADE
Santa Maria - RS - Fone/Fax: (55) 3220.4500
www.pallotti.com.br